西方建筑的摇篮：
克诺索斯王宫至雅典卫城

CRADLES OF WESTERN ARCHITECTURE:
FROM THE PALACE OF KNOSSOS TO THE ACROPOLIS OF ATHENS

古代建筑名作解读
INTERPRETATIONS ON NOTABLE ANCIENT ARCHITECTURAL WORKS

薛恩伦
ENLUN XUE

中国建筑工业出版社
CHINA ARCHITECTURE & BUILDING PRESS

图书在版编目（CIP）数据

西方建筑的摇篮：克诺索斯王宫至雅典卫城／薛恩伦. —北京：中国建筑工业出版社，2017.1

（古代建筑名作解读）

ISBN 978-7-112-20149-5

Ⅰ. ①西… Ⅱ. ①薛… Ⅲ. ①古建筑—介绍—古希腊 Ⅳ. ①K954.57

中国版本图书馆CIP数据核字（2016）第299953号

责任编辑：吴宇江

责任校对：王宇枢　李美娜

西方建筑的摇篮：
克诺索斯王宫至雅典卫城

CRADLES OF WESTERN ARCHITECTURE: FROM THE PALACE OF KNOSSOS TO THE ACROPOLIS OF ATHENS

古代建筑名作解读

INTERPRETATIONS ON NOTABLE ANCIENT ARCHITECTURAL WORKS

薛恩伦
ENLUN XUE

*

中国建筑工业出版社出版、发行（北京海淀三里河路9号）

各地新华书店、建筑书店经销

北京美光设计制版有限公司制版

北京盛通印刷股份有限公司印刷

*

开本：787×1092毫米　1/16　印张：18　字数：353千字

2017年6月第一版　2017年6月第一次印刷

定价：180.00元

ISBN 978-7-112-20149-5

(29567)

内容提要

公元前3000年的爱琴海世界是欧洲文明的发源地，或称欧洲文明的摇篮。爱琴海很像一个大湖，西部和北部是欧洲大陆，东面是小亚细亚，南侧有一座像似防波堤的克里特岛。克里特岛是爱琴文明的先驱，它是远古埃及、小亚细亚和欧洲大陆海上交通必经之地。在埃及文化和东方文化的影响下，克里特人在公元前2000年已经成为一个拥有高度文明的民族，他们建起以陶瓷业和金属业为主的手工业城市。神话中的米诺斯国王在克里特岛成立了一个王国，公元前1600-前1500年，米诺斯国王在克诺索斯建造了自己的宫殿、一组设计完善的建筑群，在克诺索斯王宫遗址中发现大量珍贵文物，它是欧洲文明生活最早的标志。

本书对克诺索斯王宫的建筑布局和王宫遗址中的珍贵文物进行了较为详细的分析，有助读者了解西方建筑学的发展与西方文明的渊源。本书还进一步介绍了古代爱琴海中锡拉岛（Thera），现称桑托林岛上的阿克罗蒂里史前期村落，阿克罗蒂里史前村的文化可以追溯至公元前5000年。公元前1627年，锡拉岛的火山爆发，阿克罗蒂里史前村被掩埋在厚达60m的火山灰下，直到公元1967年才开始进行考古发掘工作，预计阿克罗蒂里史前村占地面积可达200000m^2，推测当时的居民约有数千人，阿克罗蒂里史前村的建筑布局非常灵活，与克诺索斯王宫的建筑布局完全不同，史前村中的壁画风格与克诺索斯王宫的壁画风格则有些相似之处，阿克罗蒂里史前村的发现有助我们深入了解早期爱琴文明。

古希腊最著名的雅典卫城是本书介绍的另一个重点。本书不仅深入分析了雅典卫城的演变及卫城中的帕提农神庙和伊瑞克提翁神庙等重点建筑物，而且探讨了雅典卫城的“神秘水源”和雅典城中的古集市。为了使读者全面了解“卫城”在古希腊城邦中的作用，本书还介绍了罗德岛上的林佐斯卫城。

古希腊的雕塑与绘画也在本书中占有一定的篇幅，从新石器时期的基克拉迪抽象艺术到古典时期的写实艺术，古希腊的雕塑始终领导着西方雕塑艺术的发展。本书选择了古希腊各时代的雕塑和绘画优秀作品，用较多的图片进行介绍。通过学习古希腊的雕塑和绘画，我们不仅可以了解古希腊人民的生活与习俗，而且能够进一步理解雕塑、绘画与建筑学的密切关系。此外，本书还简略地介绍了古希腊黄金时代后的建筑学发展，有助读者全面了解古希建筑学的发展状况。

本书介绍的作品多数为世界遗产，考虑到国内相关资料较少，在编写过程中尽量把作品介绍详细些，编入的图片超过580幅，力图使读者清楚地了解作品的全貌，对于尚未去过作品现场的读者尤为重要。

Abstract

Aegean world of 3000 BC was where European civilization originated, or, the cradle of it. The Aegean Sea is very much like a huge lake, being connected to mainland Europe in the north and west, Asia Minor in the east, and seawall-like Crete in the south. Crete, the pioneer of Aegean civilization, was once the crossing point for almost all marine traffic no matter it was from remote Egypt, Asia Minor or mainl and Europe. Cultural influence by Egypt and the east allowed it to grow into a nation of highly developed civilization in 2000 BC, with cities featuring handicraft industries of ceramic and metallic materials. The mythological King Minos built up his kingdom on Crete around 1600 BC to 1500 BC, and reigned from Knossos where each building of the palace was designed perfectly and built to the king's specifications. Precious relics in large quantities having been excavated from the site of Knossos, it embodies its originality of civilized life style in the whole Europe.

The author explains in great detail the architectural layout of Knossos and its precious relics from excavation, so as to inspire a better understanding of the origin of western civilization and development of western architecture. Also he attends to the introduction of the prehistorical village of Akrotiri on Santorini, the then Thera Island in ancient Aegean Sea. Akrotiri civilization can be traced back to 5000 BC. It was destroyed in the Theran eruption around 1627 BC, buried ever since under volcanic ash 60 meters thick until the launching of excavation in 1967. The village presumably covers an area of 200,000 square meters with a population of some thousands. Its flexible architectural layout bears no resemblance with Knossos, while the frescoes' styles of the two have something in common. Altogether its discovery is of great help with appreciating the early Aegean civilization.

Another emphasis is the Acropolis of Athens, the one that enjoys most fame out of all acropolises of Ancient Greece. Its evolution and major architecture like Parthenon and Erechtheion were intensively analysed, its "mysterious water source" and Ancient Agora were also discussed in the book. To make it even clearer how these acropolises functioned in city-states of Ancient Greece, the author gives the Acropolis of Lindos on the island of Rhodes as another notable example.

The book devotes certain space to sculptures and paintings of Ancient Greece as well. From the abstract approach of neolithic Cycladic art to the realistic rendering in Classical period, Ancient Greece has all the way influenced the progression of western sculptural art. The author picks up outstanding works of each period, amplifying his remarks with plenty of pictures. Not only can we get a glimpse of ancient Greeks' life and custom through their sculptures and paintings, also we may further grasp the close connection between sculptures, paintings and architecture. Besides, the author briefly introduces architecture after the Golden Age of Ancient Greece, thus making the book as inclusive and informative as possible.

Architecture encompassed in this book is mostly World Heritage. The author provides more than 580 photos and elaborates to the last possible detail in efforts to fill up the domestic shortage of relevant reading materials on architecture of Ancient Greece and give a complete view of each selected works to every reader, especially those who have not yet been to the sites.

前言 Preface

众所周知，爱琴海世界是欧洲文明的发源地，或称欧洲文明的摇篮，但是，我在清华大学读书期间仅仅知道迈锡尼的狮子门和雅典卫城，克里特岛的克诺索斯王宫还是中国改革开放后首先从电视上看到的。

2005 年、2007 年和 2015 年我曾 3 次赴希腊考察，不仅认真地考察了雅典卫城和迈锡尼城堡，而且着重考察了克诺索斯王宫，因为克诺索斯王宫的尺度和布局更具吸引力。在 2015 年的考察中，印象更加深刻是几个博物馆的展品，雅典国家考古博物馆、伊拉克利翁考古博物馆和各地博物馆的展品内容均很丰富，令人目不暇接，亲眼目睹其壁画、瓶画和大理石雕塑的真迹，感受不同，博物馆也允许拍照，因而本书适当增加了相关图片，希望与读者共享这些珍贵的世界遗产。

古希腊的“神话”与“民主政体”对后世影响深远，本书也适当做了注解，它不仅有助我们解读古希腊建筑学的发展，也有助我们了解今日世界各国的宗教信仰和政治制度的利弊。

《西方建筑的摇篮：克诺索斯王宫至雅典卫城》是本书作者编写的《古代建筑名作解读》系列丛书中的一册。《古代建筑名作解读》共有 10 册，详细目录在本书封面的后勒口有介绍，系列丛书的出版顺序并没有按照书目的排列顺序。

感谢罗志刚、周锐、曲敬铭、孙煊、甘晓音为本书提供的珍贵照片，感谢卢岩对我们出国考察的大力协助，并为本书提供了内容提要和作者介绍的英文译稿，感谢中国建筑工业出版社吴宇江编审为本书出版所做的一切。

薛恩伦

2016 年 8 月 1 日于清华园

目录 Contents

1 古希腊的历史与文明

The History and Civilization of Ancient Greece

古代希腊人的居住范围在历史上有很大的变动，因此希腊历史涉及的地域具有相当弹性，每一个时期都有不同的地域范围。希腊爱琴海地区很早就有人类活动，最早的时间约为公元前 7000 年。新石器时代的希腊人居住地区分布于希腊本土和爱琴海诸岛。希腊本土的古希腊人是印欧族部落的分支，各地古希腊居民的生活方式大致相同，种植大麦、小麦和豆类作物，驯养绵羊、山羊、猪等家畜，崇拜象征丰产的泥塑女神像。本书涉及的古希腊历史与文明是从公元前 3000 年的爱琴文明开始，至公元前 146 年古希腊被罗马共和国征服之前的一段时期。

1.1　欧洲文明的起源：爱琴文明

The Origin of European Civilization：Aegean Civilization

爱琴海很像一个大湖，西部和北部是欧洲大陆，东面是小亚细亚，南侧是克里特岛，克里特岛像一座很大的防波堤，爱琴海中还散布着几百个小岛。爱琴海世界的大部分地区气候温和、天空晴朗，冬季多雨、夏季干燥。岛屿的四周是美丽的海滨，高地上的绿草可以放牧羊群，岛内有许多小块平原，适于种植小麦、大麦、葡萄和橄榄，面包、葡萄酒和橄榄油是人们的主要食品，这里的人们感谢众神赐予他们的大海和陆地。有些史学家把爱琴海地区最早的居民称为爱琴人，公元前 3000 年爱琴人便居住在那里，并且创造了辉煌的爱琴文明。

克里特岛是爱琴文明的先驱，克里特岛的地理位置非常优越，它横列在爱琴海南端，东西长 250km、南北宽 12~60km，犹如一道屏障，它是远古埃及、小亚细亚和欧洲大陆海上交通必经之地。早在埃及的金字塔时代，克里特的工匠们便从埃及人那里学会了制造陶土罐和石材雕刻。克里特人在很长一段时间里用粗糙的图画记事，在埃及文化的影响下，克里特人把他们粗糙的图画式符号逐渐演变成真正的语言文字，成为爱琴海世界最早的文字。公元前 2000 年，克里特人已经成为一个拥有高度文明的民族，他们建立起以陶瓷业和金属业为主的手工业城市。传说中的米诺斯国王 (King Minos) 在克诺索斯 (Knossos) 成立了一个王国，公元前 1600—前 1500 年，米诺斯国王在克诺索斯建造了自己的宫殿、一组设计完善的建筑群，在克诺索斯遗址中发现大量珍贵文物，它是欧洲文明生活最早的标志。

公元前 1500—前 1200 年，在希腊伯罗奔尼撒半岛东北部的阿尔戈斯平原上有一座名为迈锡尼（Mycenae）的城堡遗址，它是比克里特文明稍晚一些的迈锡

尼文明 (Mycenaean civilization) 的中心，在迈锡尼遗址中发现大量金银工艺品和埃及的艺术品碎片。石料砌筑的迈锡尼城墙和大门非常坚固，显示了他们的防御能力，大门上方的一对雄狮雕刻精美，展现了迈锡尼文明的艺术水平。[①]

爱琴海东侧的亚洲地区是一片高地，在古希腊时期，这里的文明程度远高于爱琴海西侧的欧洲地区。小亚细亚的特洛伊城最初仅仅是欧洲和亚洲之间来往商船的停泊地，公元前 2500 年发展成商业王国，并且是爱琴海世界最早的要塞，特洛伊城堡的出现比迈锡尼城堡提早 1000 年。

公元前 1200 年，来自北方古希腊人中的多利安人（Dorian）入侵爱琴海地区，他们首先占据克里特岛，接着又占领了爱琴海的其他岛屿和伯罗奔尼撒半岛。多利安人的入侵造成爱琴海原住民的大逃亡，爱琴海原住民为了躲避多利安人的侵袭，分别迁往阿提加半岛、小亚细亚等地，这段战乱纷起的时代被称为古希腊的"黑暗时代"（公元前 1200—前 800 年）。[②] 关于"多利安人入侵"（Dorian invasion）在史学界尚有争议，考古学家们普遍认为克里特岛原住民的逃亡是由于克里特岛北面的锡拉火山爆发，火山灰覆盖了克里特岛。有些史学家由于不同意"多利安人入侵"的提法，把古希腊的"黑暗时代"称为"荷马时代"(Homeric Age, 公元前 1100—前 750 年)，因为《荷马史诗》(Homeric Hymns) 描述的内容是这个时期的史料。[③]

---

① 公元前 3000 年初，希腊爱琴海地区进入早期青铜器时代，公元前 2000 年为中、晚期青铜器时代，公元前 2000—前 1100 年，最先在克里特岛出现克里特的米诺斯文明 (Minoan civilization in Crete) 而后在希腊半岛出现迈锡尼文明 (Mycenaean civilization)。爱琴文明 (Aegean civilization) 是古代希腊爱琴海地区文明的总称，爱琴文明的历史时代恰好与青铜器时代吻合。

② James Henry Breasted. The conquest of civilization[M]. New York : Harper & Brothers Pub., 1926：268-275.

③ 荷马史诗是古希腊文学中最早的一部史诗，也是最具影响力的文学著作，相传是由古希腊诗人荷马创作的两部长篇史诗《伊利亚特》(Iliad) 和《奥德赛》(Odyssey) 的统称。《伊利亚特》述说希腊联军统帅阿伽门农和大将阿基里斯之间的冲突，以此为焦点，详细叙述了在特洛伊战争中十年发生的故事。《奥德赛》描写伊塔卡岛国王奥德修斯攻克特洛伊后返回家乡，却在途中漂泊了十年的故事。荷马史诗不仅文学价值极高，也是古希腊公元前 11 世纪到公元前 9 世纪的唯一文字史料，所以这一时期也被称为"荷马时代"或"英雄时代"。荷马（Ὅμηρος/Homer）是一位古希腊的盲人诗人、西方文学的始祖，他以诗歌般的记叙手法展现的战争和生活场景至今仍为人们津津乐道。荷马诗史也是研究古希腊风土人情的宝贵资料。18 世纪初期，有些学者认为荷马并不存在，他只不过是希腊各族说唱艺人的总代表，而不是一个人，两部史诗前后相隔数百年，不可能是一人一时之作。

1-1-1 希腊古代名作遗址分布图

1- 雅典；2- 迈锡尼；3- 奥林匹亚；4- 德尔斐；5- 克诺索斯；
6- 锡拉岛；7- 林佐斯；8- 迈泰奥拉；9- 纳夫普利奥

1.2 古希腊的民主政体：从城邦至“帝国”

The Democratic System of Ancient Greece: from City State to “Empire”

克里特人的文字在北方古希腊人入侵后就消失了，北方古希腊人摧毁了爱琴海原住民创造的高度文明，但是，爱琴海的手工艺品和手工业被保存下来，成为创造古希腊文明的基础。北方古希腊人原为游牧民族，他们占领爱琴海以后，很长的一个时期内没有发展海上贸易，仍然继续着游牧生活。游牧民没有政府组织，每个部落由许多更小的“胞族”家庭组成，部落中由老人（长老）组成的议会负责处理部落的重要问题和“胞族”间的纠纷，部落中还设立“全体武装人员大会”，一般每年召开一次，或在重要节日召开，表决“迁徙”或“对外宣战”等重大问题。随着局势的稳定，游牧的古希腊人开始耕种土地、建造房屋，过上了定居生活，但是仍然保留着许多游牧民的习惯，男人的主要任务是放牧和参加战争，耕种仅仅是副业。

公元前 1000 年至公元前 600 年，希腊人经历了定居带来的各种问题，部落中的核心村逐步联合起来，成为一个“城邦”(polis) 或称“城市国家”(city-state)，城邦成为古希腊政体最基本的单元，这是希腊历史发展的重要阶段，城邦就是主权国家，每个城邦都有自己的法律、军队和神祇。国王是城邦的最高统治者，国王的城堡建在城市中心的山顶上，被称为“卫城”(Acropolis)。此后，城邦又修建了城墙，保护山下居民的房屋和市场使城邦更为安全，这段时期的卫城称为“古老的卫城”(Archaic Acropolis)。希腊城邦建立后，便开始了向海外殖民，海外殖民通常是由某一城邦发起，这种殖民活动是为解决城邦自身发展而采取的措施，城邦把部分公民迁移到海外某地另立家园，另立家园的城邦被称为“子邦”或“殖民城邦”，向外殖民的城邦和它的“子邦”在政治、经济关系上都是平等的。海外殖民不仅缓解了希腊城邦发展过程中的内在矛盾，也促进了希腊世界的经济发展，尤其是商品经济的发展。公元前 750—前 700 年，古希腊在欧洲大陆、爱琴海沿岸和爱琴海岛屿上有几百个城邦，希腊人在这些由国王统治的城邦中定居生活，希腊文明就是在众多的城邦中兴起。虽然古希腊的文明是在古代埃及和小亚细亚文明影响下开始了自己的文明进程，但是希腊政治体制的发展与埃及或小亚细亚完全不同。古希腊的民众一直在为争取自己的权益而斗争，最终在一些城邦内建立起一种“民主制政权"。英语中的民主(Democracy)源于希腊语"dēmokratía",含意为"人民统治"(rule of the people),英语中的政治 (Politics) 也源于城邦 (polis)。

希腊城邦的民主制政权在发展中不断遇到冲击，首先是贵族政权的威胁，其次是"僭主"（tirannos or tyrant）的挑战。贵族占有的土地越来越多，甚至凭借武力到海外掠夺大量财富，势力也越来越大。公元前 750—前 650 年，贵族和农民之间的贫富差距越来越大，农民日益贫穷，如果农民想在政府中发挥作用，就必须进城参加那里举行的公民大会，勉强维持生活、甚至债台高筑的农民怎么会有精力去参加公民大会，因此，只有少数农民和市民参加公民大会，公民大会已经完全被贵族控制。贵族们变本加厉，不但不顾民众的权力，甚至想夺取君主的权力，某些希腊城邦的君主已徒具虚名，有的君主甚至被贵族推翻，或是由贵族们推选一位"贵族的代表"，以"执政官"的名义协助君主理政，君主制已经名存实亡。贵族时代产生另一种变革是扩大了海外贸易，贵族崇尚海外漂泊和海外掠夺，从公元前 750 年开始，希腊人就开始向外扩张，当时希腊的文明比欧洲任何地区都发达，希腊的向外扩张也促进了希腊文化对外交流。

"僭主"是古希腊的政治术语，古希腊时代认为：不通过世袭或是合法民主选举程序，凭借个人的声望与影响力，获得统治城邦权力的统治者被称为僭主。公元前 600—前 500 年被认为是古希腊的僭主时期。僭主并非贬义词，明智的僭主不仅促进了民主改革，也成为古希腊著名政治家，有些僭主则为骄奢残暴之徒，自然会遭到人民的唾弃。公元前 594 年，梭伦 (Solon，公元前 638—前 560 年) 被贵族推举为雅典城邦的第一任执政官，梭伦执政期间进行了政治改革和经济改革，梭伦改革的第一个重大措施是颁布《解负令》,即解除债务及由于负债而遭受的奴役;第二项重大改革措施是按土地收入的财产资格划分公民等级，取消以前的贵族、农民、手工业者三级之分;第三项重大改革是设立新的政权机构，贵族会议大受限制;第四项改革措施有利促进工商业的发展，例如奖励国外技工迁居雅典、对携眷移民给予公民权等。综观梭伦的各项改革，在解救人民疾苦、消除贵族特权方面迈进了很大的一步。梭伦任执政官的任期只有一年，在完成改革后，他与雅典人约定十年内不准改变他的改革，而后离开雅典远游，此后始终未再入政坛，直到公元前 560 年去世。梭伦在诗歌方面也有成就，诗歌多为赞颂雅典城邦及民主改革的作品，梭伦被誉为"古希腊七贤"之一。克利斯提尼（Cleisthenes）是出身贵族却支持平民的政治家，他针对梭伦改革未触动的深层次民主问题作了进一步的改革，包括扩大公民大会的权限，推动以新的 100 多个区（Demos）和 10 个新部族取代古希腊的 4 个传统部族，防止因传统的部族利益而牺牲城邦的权益，克利斯提尼的改革还包括把每个区作为自治区，由各区派出代表组成 500 人议事会议，500 人议事会议可以解决公民大会所无法应付的事务，除此之外，还有"陶片放逐制"(Ostracism)

的实行，陶片放逐制规定：如果有人企图威胁雅典的民主制度，雅典人民可以通过这项制度把他逐出雅典。雅典城邦在将近100年的时间内，由于一系列民主改革而跃升为古希腊世界中居领导地位的城邦，其经济、政治和文化实力已有可能在即将到来的波斯帝国入侵中接受挑战。

希腊世界在地中海东部地区的发展到公元前5世纪末已颇具规模，与此同时，在西亚兴起的波斯帝国也占领了小亚细亚、叙利亚、巴勒斯坦甚至埃及的广大地区，并试图进军多瑙河、逼近希腊，具有锐不可当之势。古代东西方两大政治力量的对峙，必然导致一场战争：希腊与波斯的战争。希波战争的起因和双方攻守的态势表明主要是波斯帝国的侵略扩张引起希腊各城邦奋起应战，正义是在希腊一边，这也是希腊能在数量上处于劣势的情况下击退波斯大军的原因。

希腊与波斯战争的导火线是公元前500年小亚细亚沿海地区的希腊城邦起义、反抗波斯的统治，在起义中，雅典曾派兵给予援助，起义被波斯镇压后，波斯便以雅典援助小亚细亚的城邦起义为由，渡海入侵希腊。公元前490年和公元前480年波斯大军两次入侵希腊，都遭到失败而退回亚洲，以后战争仍时断时续，直到公元前449年希波双方缔结和约，波斯承认小亚细亚各希腊城邦的独立，并承担义务不再派军舰进入爱琴海，希波战争遂正式结束。在希腊各城邦中，反抗波斯最为坚决的是雅典与斯巴达，以此两大城邦为首，联合其他城邦组成了有统一指挥的希腊联军。在城邦体制下，已有长期自由独立传统的希腊人不能容忍波斯帝国的入侵，因此，大多数城市都积极投入反波斯斗争，为联军提供各种支援。希波战争以希腊的胜利告终，希腊的胜利不仅使希腊各城邦得以继续发展，也使雅典城邦达到空前的繁荣，为日后的西方文明奠定基础。

雅典的民主政治在希波战争中不断取得新的进展，公元前487年，执政官不再经过选举，而是采用了由500人会议成员抽签的办法产生。虽然梭伦改革明确规定的第一、二等级公民任执政官的限制仍然有效，但由众多候选人抽签决定任职意味着执政官职位向更广泛的群众扩散。公元前457年，公民大会决定：可以让第三等级公民任执政官，后来又扩大到第四等级，并一律由抽签产生。从这一点可以看出，希波战争结束时，雅典的民主政治已达到在古代奴隶制条件下最民主的程度。古希腊的民主政治不仅仅限于公民范畴，而且也只限于男人，女人的社会地位随着丈夫，女人不允许参加公共生活。

古希腊的奴隶（Slavery）地位很特殊，古希腊人把奴隶视为“财产”，主人可以任意处置奴隶。有人认为：古希腊没有所谓的奴隶制度，古希腊人只有公民才有资格参加政治活动，奴隶并不是公民，除了政治活动外，其他活动奴隶都可参与。古希腊的奴隶来源主要是战争中的俘虏，大部分奴隶从事农业劳动，奴隶也常成为手工业者、工匠或从事家务劳动。希波战争结束后的30年，雅典城邦所在的阿提

卡半岛 (Attic peninsula) 人口增加至 20 万，其中奴隶多达 8 万人，每个公民的家庭平均拥有 3 至 4 个奴隶。[4] 在古希腊历史上，也出现过释放奴隶的现象，尤其是当古希腊人需要奴隶来保护城邦的时刻。某些史书过多指责古希腊的奴隶制，是缺乏历史唯物主义观念的反映，美国的奴隶制至公元 1863 年 1 月 1 日才被正式废除，我国的西藏农奴制是在 1959 年西藏民主改革运动时才被废除，怎么能够要求古希腊在公元前 5 世纪能够做到解放奴隶?

伯里克利 (Pericles) 是希波战争结束后雅典最杰出的领导人，他执政的时代被誉为雅典的“黄金时代”或称伯里克利时代 (公元前 461—前 429 年)。[5] 伯里克利领导雅典人在希波战争后的废墟中重建雅典，扶植文化艺术，现存的很多古希腊建筑都是在他的时代重建或新建，包括著名的雅典卫城 (Acropolis) 及其中的帕特农神殿 (Parthenon)。尤为重要的是，他培育了当时被视为激进的民主力量，在他的影响下，出现了苏格拉底、柏拉图和亚里士多德等一批著名思想家。伯里克利很会演讲，在一次雅典人纪念死去的战争英雄的集会上，伯里克利作了一次宣传民主制的演讲，成为历史上著名的“伯里克利葬礼演说”(Pericles’ Funeral Oration)。[6]

波希战争期间，古希腊创立了一个以雅典为核心、针对波斯的军事同盟，由于同盟的总部设在爱琴海中的提洛岛上，因而命名为提洛同盟 (The Delian League)。希波战争后，由于雅典是提洛同盟的盟主，公元前 454 年将同盟的总部迁至雅典，雅典对盟邦的控制与日俱增，后世将这个同盟称为“雅典帝国”，所谓的“雅典帝国”是在希腊城邦体制之下建立的霸权，雅典并未吞并结盟的各城邦。雅典对提洛同盟的控制引起以斯巴达 (Sparta) 为首的伯罗奔尼撒联盟 (Peloponnesian League) 的敌视，公元前 431 年，终于爆发了历时 20 余年的伯罗奔尼撒战争 (Peloponnesian War，公元前 431—前 404 年)。公元前 6 世纪末，

---

④ James Henry Breasted. The conquest of civilization[M]. New York : Harper & Brothers Pub., 1926：355.

⑤ 伯里克利 (希腊文：Περικλῆς，英文：Pericles，公元前 495—前 429 年) 古希腊奴隶主民主政治的杰出代表，古代世界著名的政治家之一。伯里克利出身雅典名门，他的父亲曾任雅典舰队的司令官，伯里克利受到过良好的教育，在良师益友、博学的阿那克萨戈拉 (Anaxagoras) 的熏陶下，伯里克利具有不迷信神异的唯物主义思想和高尚的情操。伯里克利的青少年时代是在希腊同盟抗击波斯侵略者的岁月中度过的，怀着对自己国家的热爱和作为雅典公民的信心与自豪，伯里克利登上了雅典的政治舞台。他守正不阿、廉洁奉公、有眼光、善演说、坚毅冷静、气宇不凡，具备一个优秀政治家的品格和气质。伯里克利代表雅典工商业奴隶主和中下层自由民，特别是海员、佣工等第四等级公民的利益。他的国内政策以加强民主政治为核心。公元前 429 年，他被瘟疫夺去了生命。

⑥ “伯里克利葬礼演说”片断：我们的国体之所以被称作民主，是因为权力不是被少数人，而是被所有人民所掌握。当私人纠纷产生时，所有人在法律面前一律平等。正像我们的政治生活是自由而开放的那样，日常生活中我们的人与人之间的关系也是如此，……在这里每一个个人不但对他自己的私事感兴趣，也对整个社稷的大事感兴趣。

斯巴达成为伯罗奔尼撒半岛上最强大的城邦，并且在政治和军事上支配着半岛上第二强大的阿尔戈斯 (Argos) 城邦。此外，斯巴达通过帮助科林斯 (Corinth) 摆脱暴政，帮助厄利斯 (Elis) 控制奥林匹克运动会，使这两城邦与之结盟。斯巴达的政体是寡头政治（oligarchy）、由少数贵族掌权，和当时雅典的民主制度形成鲜明对比。斯巴达以其纪律严酷、军国主义而闻名，斯巴达规定所有男人必须从军，斯巴达还拥有众多“国有奴隶”，在波希战争中，斯巴达的军队做出过重大贡献。

伯罗奔尼撒战争是以雅典为首的提洛同盟与以斯巴达为首的伯罗奔尼撒联盟之间的战争，一场希腊语世界的内战，伯罗奔尼撒战争从公元前 431 年开始，一直持续到公元前 386 年。战争的第一阶段 (公元前 431—前 421 年) 雅典方面在伯里克利领导下进行，双方的军事力量根据各自的地理环境、各有优势，雅典领导的同盟主要由爱琴海中的岛屿和滨海城邦组成，它们的优势在于海战；斯巴达领导的联盟主要由伯罗奔尼撒半岛和希腊中心地区的城邦市组成，它们是陆地国家，优势在于它们的陆军方阵兵。斯巴达方面以一支强大的陆军进入雅典的领地，首先劫掠雅典的周围地区，迫使雅典进行陆战，雅典人则坚守城池，当时斯巴达的攻城技术还无法攻破雅典的城市防御系统。出乎雅典方面意料的是：由于斯巴达陆军占领雅典郊区的农村，迫使农民纷纷逃入雅典城内，密集的人口和恶劣的卫生条件使海外传来的瘟疫在雅典流行，据估计，雅典全城居民的 1/4 染疾而死，更严重的是，伯里克利于公元前 429 年也被瘟疫夺去性命。雅典新一代政治家上台，有人主战、有人主和，农民集中城内，成为雅典城沉重负担。此后，双方曾几度停战，最终斯巴达获得胜利。斯巴达的胜利得到波斯帝国的经济支持，作为交换条件，斯巴达将小亚细亚沿海城邦退让给波斯统治，波斯成为伯罗奔尼撒战争最大的受益者。伯罗奔尼撒战争结束了雅典的黄金时代，也结束了希腊的民主时代，几乎希腊的所有城邦都卷入了这场战争，战场几乎涉及了当时整个希腊语世界。

斯巴达的霸权只持续了数十年，最后出现了雄心勃勃的马其顿国王菲利普二世 (Philip II of Macedon，公元前 382—前 336 年)。马其顿位于希腊的北部，处于希腊文明的边缘，被希腊人视为蛮族。从公元前 4 世纪起，马其顿逐渐成为希腊北部的重要国家，公元前 359 年，菲利普二世即位，在菲利普二世的治理下，马其顿成为巴尔干地区首屈一指的军事强国。面对马其顿的崛起，希腊建立了以雅典为首的反马其顿同盟。公元前 338 年，马其顿在喀罗尼亚大败希腊联军，公元前 336 年，菲利普二世遇刺身亡，其子亚历山大三世（Alexander III of Macedon，公元前 356—前 323 年）即位，亚历山大三世即位后很快就平定了希腊城邦的起义。公元前 222 年，马其顿军队又击败了斯巴达人，并且吞并了斯巴达人的城市，最终取得了对整个希腊的控制权，亚历山大三世是欧洲历史上最伟大的军事天才，历史上称之为亚历山大大帝（Alexander the Great）。

公元前 334 年，亚历山大大帝率大军渡海东征，拉开了他征服世界的序幕。亚历山大大帝最大的敌人是强大的波斯帝国，亚历山大大帝先后在格拉尼库斯河和伊苏斯击败波斯军队，从波斯人手中夺取了叙利亚和埃及。波斯国王试图求和，但被雄心勃勃的亚历山大大帝拒绝。公元前 331 年，亚历山大大帝和波斯国王大流士之间具有决定性意义的“高加美拉战役”爆发。亚历山大大帝再一次取得了胜利，并乘势攻下巴比伦，波斯帝国灭亡。亚历山大大帝继续东进，直到印度河流域方才折返。随着亚历山大大帝的东征西战，使希腊化文明在地中海西岸到中亚的大片地区传播。

公元前 323 年，亚历山大大帝病死，他的庞大帝国也随之分裂，开始了希腊化时代，安提柯王朝 (Antigonid dynasty)、塞琉古帝国 (Seleucid Dynasty) 和托勒密王国 (Ptolemaic Kingdom) 成为希腊化时代的 3 个主要国家。公元前二世纪，强大的古罗马共和国在古希腊西方崛起，古罗马共和国用武力先后征服希腊化时代的 3 大王国，公元前 146 年希腊被并入罗马共和国。

1.3 古希腊的神话与荷马史诗

The Mythology of Ancient Greece and Homeric Poems

研究古希腊的历史、文学和艺术都离不开古希腊的宗教与神话，有些学者更倾向于研究神话，因为神话不仅生动地描写了古希腊的宗教信仰，也有助了解当时的政治制度和社会生活。希腊神话涵盖了大量传说故事，其中很多故事通过希腊艺术品来表现，这些传说故事旨在解释世界的本源和讲述众神的生活和经历。神话始于口耳相传，我们今日所知的希腊神话或传说大多来源于古希腊文学，已知最早的古希腊文学作品有荷马的两部叙事史诗《伊利亚特》和《奥德赛》以及与荷马同时期的希腊诗人赫西俄德（Hesiod）的两部诗歌《神谱》(Theogony) 和《工作与时日》（Works and Days）。⑦

荷马史诗不仅是一部关于战争和英雄的历史，也是宗教经典，当希伯来人还

⑦ 赫西俄德的《神谱》（“神之起源”）全面记录了关于世界的形成、众神如提坦 (Titan) 和巨人 (cyclops) 的起源、早期希腊神话以及详细的族谱。赫西俄德的《工作与时日》系统地记录了当时农耕生产的知识，表达出平静而优美的农村生活场景。

只能通过父辈的讲述了解他们的上帝时，荷马史诗已经把众神栩栩如生地展现在希腊人面前。在荷马史诗之前，希腊人就已经有了自己的宗教信仰，像所有原始人类一样，他们认为自然界的树木、泉水、山岭以及飞禽、走兽都具有神秘力量、某种精灵控制的神秘力量。早期希腊人认为天空很神秘，闪电和雷声使他们恐惧，天上也会降下清凉的雨水，能在天空自由翱翔的鹰自然应当是天空的精灵，因此，早期希腊宗教中的神祇往往具有动物的形象，雅典首任国王也被描绘为半人半蛇的凯克洛普斯一世或称刻克洛普斯一世（Cecrops I or Kekrops I）。后来，古希腊人心目中的精灵变成了男神和女神，随之兴起了新的宗教崇拜。希腊人进入爱琴海世界后，他们的宗教继续发展，爱琴海人最崇拜的是大地的精灵，大地女神使大地生长各种谷物和果实，保障人类生存。通过荷马史诗和原始希腊神话的传说，希腊人知道众神都住在云雾缭绕的奥林匹亚山。天神宙斯高居在云中的宫殿中，统治着众神，就像尘世的君主一样。每位神都掌管着自然界的一个领域或人间的某些事务。太阳神阿波罗的光芒是金色的利箭，他是掌管弓箭的神灵，同时也负责保护牧羊人的牲畜和农夫的田地，而且还是一位音乐家。阿波罗的品质使他在希腊人心目中比宙斯还重要，阿波罗是希腊世界最受爱戴的神祇。雅典娜是希腊最伟大的女神，最初，她是掌控空气和暴风雨的神，此后，发展成为女战神，在希腊人的想象中，她是一位手持闪亮兵器、保护希腊城市的神灵，在和平时期，雅典娜还帮助陶匠塑造陶器、帮助铁匠锻铸、帮助妇女纺织，希腊人还相信雅典娜给大家带来了橄榄树。雅典娜是众神公认的最聪明、最优雅的女神，据说她是在她父亲宙斯头脑中诞生的，是全副武装地从宙斯的脑袋里蹦出来的神祇，她是希腊人生活中的圣母、最受爱戴的保护神。宙斯、阿波罗和雅典娜是古代希腊宗教中的 3 位主神。古希腊人认为天上的月亮是一位女神，有人把她想象成为宙斯的妻子赫拉，同时也是婚姻保护神。古希腊人把所有的神灵都赋予了人形，荷马还描述了众神之父宙斯和妻子赫拉的家庭纠纷，与希腊人普通家庭生活中发生的事一样，荷马似乎是以一种荒诞的笔调来描述神灵的家事。古希腊的神灵具有人类的各种性格，甚至也会施展骗人的花招，因此，古希腊早期的宗教并不具备引导人们培养良好品格和举止的影响力。⑧

古希腊神话对绘画、雕塑和建筑的影响最为明显，雕塑中的人物和绘画题材大都源自神话故事，纪念性建筑物也是为了祭祀神灵，希腊人每 4 年一度在奥林匹亚举行奥林匹克运动会，其基本目的也在于尊敬神明。希腊众神中最受崇拜的是奥林匹斯十二神 (Twelve Olympians)，他们都生活在奥林匹斯山上（Mount

⑧ James Henry Breasted. The conquest of civilization[M]. New York : Harper & Brothers Pub., 1926：292–297.

1-3-1　卢浮宫珍藏的荷马大理石雕像

Olympus）。[⑨] 奥林匹斯十二神中，除去宙斯、阿波罗和雅典娜尽为人知外，阿芙洛狄忒 (Aphrodite)、阿瑞斯 (Ares) 和狄俄尼索斯 (Dionysus) 也是绘画、雕塑和文学中经常提到的神祇。阿芙洛狄忒（Aphrodite）是爱与美的女神，也是欲望之神。阿芙洛狄忒在罗马神话中被称为维纳斯 (Vĕnus)，是荷马史诗《伊利亚特》中的主角，被尊奉为罗马人的祖先。阿瑞斯是宙斯和赫拉之子，是一位战神，也是暴力和血腥之神，象征野猪、蛇、秃鹫，矛和盾牌。狄俄尼索斯是酒神，也是庆典、狂欢之神和戏剧艺术的守护神。狄俄尼索斯象征葡萄、常春藤、虎、豹、海豚和山羊。奥林匹斯十二神之外的阿斯克勒庇厄斯（Asclepius）在古希腊也很重要，阿斯克勒庇厄斯是古希腊的药神 (god of medicine)，他是太阳神阿波罗之子，人们在伯罗奔尼撒半岛山谷里一处名为埃皮达鲁斯（Epidaurus）的地方为药神阿斯克勒庇厄斯专门建造了神殿，祭祀这位神祇。

---

⑨ 奥林匹斯十二神是：宙斯 (Zeus)、赫拉 (Hera)、得墨忒耳 (Demeter)、波赛顿 (Poseidon)、雅典娜 (Athena)、阿波罗 (Apollo)、阿耳忒弥斯 (Artemis)、阿芙洛狄忒 (Aphrodite)、阿瑞斯 (Ares)、赫淮斯托斯 (Hephaestus)、赫耳墨斯 (Hermes) 及赫斯提亚 (Hestia) 或狄俄尼索斯 (Dionysus)。哈得斯和珀耳塞福涅有时也会包括在奥林波斯十二神中，但一般哈得斯都被排除在外，因为他是冥府的统治者。有时赫拉克勒斯和阿斯克勒庇俄斯也被列入。

1.4 希腊的古典文化：雅典的黄金时代

The Classical Culture of Greece：Golden Age of Athens

公元前 1600 年，居住在阿拉伯半岛和叙利亚沙漠的闪米特人 (Semites) 参照埃及的象形文字发明了一套字母，此后，居住在地中海东岸的腓尼基人采用这套包括 22 个符号的字母系统来记录他们的语言，并且对字母顺序作了调整。⑩ 腓尼基人原本居住在沙漠中，当他们占领了沿海城市后，很快成了优秀的航海水手，并且成为地中海最具活力的商人。腓尼基人虽然较早有文字，但是他们并没有什么文学作品，他们留下的文字资料就是商人们写在埃及纸莎草纸上的商业文件。古希腊人开始看到腓尼基人手中拿着淡黄色纸莎草纸上的黑色符号时莫明其妙，其实那些符号正是记载商品名称和价格的腓尼基文字，希腊人认为那是一些神秘和危险的符号。当希腊人弄清楚腓尼基文字符号的含义后，便开始用腓尼基字母拼写希腊语，显示出希腊人的智力优势。从公元前 900 年希腊人开始研究腓尼基文字，最终完成一套自己的文字书写系统，并且普及到希腊各城邦，至公元前 700 年，希腊各阶层的人都学会了书写这种字母。公元前 776 年，希腊人举办了第一届奥林匹克运动会，使希腊各城邦有了共同的传统节日和历史纪年。腓尼基字母经古希腊传到古罗马，最后传遍整个欧洲。

公元前 5 世纪至公元前 4 世纪是古希腊文化的古典时期，古典时期是古希腊文化的全盛时期，或称雅典的黄金时代，全盛时期的古希腊人在哲学、文学、戏剧、建筑学、雕塑等诸多方面都有很高的造诣。古希腊有 3 位著名的哲学家：苏格拉底（Socrates, 公元前 470—前 399 年）、柏拉图 (Plato, 公元前 428—前 348 年) 和亚里士多德 (Aristotle, 公元前 384—前 322 年)，他们 3 人被广泛认为是西方哲学的奠基者，史称“西方三圣”。苏格拉底最大的成就是他绝对肯定地相信人类的意识足以认识和确定什么是善良、正确、真实、美好和诚实，而这些信念对于人类的生活有极其重要的意义。苏格拉底信奉宗教，但是并没有把宗教作为引导人们具

---

⑩ 腓尼基人对字母顺序进行调整，将 22 个字母列成一个表，并且给每个字母起了个名字，便于学习、记忆。他们把 22 个字母的第一个字母叫作“公牛”，因为公牛在腓尼基语中是“aleph”，把第二个字母叫“房屋”，因为在腓尼基语中房屋是“berth”，其他字母也都按此方法取名。

有正确品行的手段，而是通过辩论与逻辑推理来传播各种美德及相关观念。苏格拉底经常通过提出尖锐的问题并进行深入的研究，他认为这种方式可以使人们避免和放弃错误，坚定正确的信念。苏格拉底以其质朴而充满魅力的人格赢得了人们的尊重，他有许多追随者，其中最负盛名的是柏拉图。苏格拉底时代的雅典人排斥一切拒不接受旧观念和宗教的激进者，他们并没有理解苏格拉底为雅典利益所付出的努力，反而指控他以邪恶的教义诱骗年轻人。受到指控的苏格拉底原本可以轻而易举地离开雅典，但是他却毅然来到了审判庭，并且为自己作了有力和充满尊严的辩护。公元前 399 年，法庭判处苏格拉底死刑，他平静地喝下了致命的毒酒。雅典的民主就是这样处理国家事务，虽然苏格拉底遵循了法律，然而，处死这样一位伟大、纯洁的人，只能算是雅典莫大的耻辱。柏拉图在他伟大的著作中描述了苏格拉底在生命最后时刻的表现，苏格拉底的平静震撼了整个希腊世界。[11] 柏拉图以对话方式再现了苏格拉底的思想，并以文字形式发表。虽然柏拉图认识到雅典的民主政治已经没有希望，但是仍不愿放弃作为政治家的一切理想，他在雅典定居，并专心从事教学和写作。柏拉图既是哲学家又是诗人，他发挥了苏格拉底提出的“人类能够明辨真理”的理论，在对话体著作《理想国》(The Republic) 中提出了理想之国的崇高设想。[12]

古希腊文学是西方文学的源头，也是欧洲文学的第一个高峰，从氏族制社会到希腊化时代的希腊文学持续时间近 1000 年。古希腊位于欧洲南部，包括今巴尔干半岛南部、小亚细亚半岛西岸和爱琴海中的许多小岛，生存环境造就了古希腊人自由奔放、富于想象力和崇尚智慧的性格，因此，古希腊文学、艺术具有丰富多彩和纯真的特征。例如中国读者熟知的《伊索寓言》(Aesop’s Fables) 便是古希腊的民间文学创作，相传由伊索 (Aesop, 公元前 620—前 560 年) 创作，再由后人集结成书，据说伊索是一位在民间讲故事的奴隶，也有人认为并无伊索其人，只是古人假托其名将一些民间故事结集成书。《伊索寓言》的寓言故事，篇幅短小，哲理深刻，具有很高的文学价值，成为世界上流传广泛的经典作品。

古希腊人认为悲剧是最高级的戏剧形式，亚里士多德在《诗学》中曾专门探讨悲剧的含义，他认为悲剧的目的是要引起观众对剧中人物的怜悯和对变幻无常的命运感到恐惧，使感情得到净化。悲剧中的主人公往往具有坚强不屈的性格和英雄

---

⑪ James Henry Breasted. The conquest of civilization[M]. New York : Harper & Brothers Pub., 1926：420–421.

⑫《理想国》（古希腊语：Π ο λ ι τ ε ί α ）又译作《国家篇》、《共和国》、《王制》，是古希腊哲学家柏拉图在公元前 390 年写成的作品，以苏格拉底为主角，采用对话体的形式，探讨建造一个理想的城市，这个城市的司法理论是完美的。《理想国》共分 10 卷，其篇幅之长仅次于《法律篇》。《理想国》主要探讨政治科学，对后来的学者有巨大影响，成为政治学领域的经典著作。

气概，却总是在与命运抗争的过程中遭遇失败。公元前5世纪，希腊出现了不少悲剧作家，他们的作品不约而同地均以传奇故事、人与诸神的关系以及命运与家庭对人生的影响等为主题。古代西方四大悲剧作家中，希腊占有3席，分别为埃斯库罗斯（Aeschylus, 公元前525—前456年）、索福克勒斯(Sophocles, 公元前496—前405年)和欧里庇得斯(Euripides, 公元前485—前406年)。古希腊喜剧起源于祭祀酒神的狂欢歌舞和民间滑稽戏，公元前487年，雅典正式确定在春季酒神节庆中增加喜剧竞赛项目。古希腊喜剧大半是政治讽刺剧和社会讽刺剧，产生于言论比较自由的民主政治繁荣时期，这一时期的喜剧具有较强的批判性，尤其擅长讽刺当权人物。

希腊古典时期在建筑学方面最大的成就是重建雅典卫城和建立“柱式”（Order），柱式使建筑设计规范化，保证了纪念性建筑物的立面比例优美。古希腊创造了多立克柱式（Doric Order）、爱奥尼柱式（Ionic Order）和科林斯柱式（Corinthian Order），3种柱式为西方古典建筑奠定基础。3种柱式风格不同，多立克柱式风格朴实，爱奥尼柱式风格秀丽，科林斯柱式风格丰满，它们的共同特点是比例的和谐。希腊的古典柱式成功地表现在雅典卫城中的帕特农神庙(Parthenon)、伊瑞克提翁神庙(Erechtheion)、胜利女神庙(Temple of Athena Nike)和卫城山门(Acropolis Propylaea)。伊瑞克提翁神庙的女像柱廊（Porch of the Caryatids）是古希腊柱式的特例，极具创造性。古希腊一般人的住宅很简单，公元前7世纪之前的民间居住建筑已不复存在，也没有文献记载。根据公元前1世纪，古罗马的建筑师维特鲁威（Vitruvius）的著作《建筑十书》(The Ten Books on Architecture)第2书第1章中记载，古希腊一般民宅使用未烧结的黏土砖筑墙，屋顶结构用木材、泥土和草。[13] 希腊化时代（Hellenistic period, 公元前332—前31年），古希腊城市生活有很大改善，城市中富裕的市民住进了石头建造的房屋，并且有带柱廊的中庭。

古希腊的绘画作品多绘制在布料、器皿或建筑物的墙壁上，因天灾人祸的破坏，遗留下来的作品甚少，仅存的资料大多数为挖掘出来的陶瓶上的装饰绘画，这种陶瓶上的绘画称为“古希腊瓶画”。古希腊瓶画有5种风格：几何纹样式、东方化纹样式、黑绘式、红绘式和白底彩绘式。古希腊瓶画内容大部分是神话故事和英雄传说，使瓶画成为生动的史料，英雄传说瓶画大多有典故，源自史诗及戏剧。古希腊绘画对古罗马、文艺复兴和近代艺术的发展均有深远影响。

古希腊的雕刻艺术历史悠久，基克拉迪群岛的大理石偶像（Marble Idols）是

---

⑬ Vitruvius, translated by Morris Hicky Morgan. The Ten Books on Architecture[M].New York: Dover Publications,Inc.,1914:38−39.

1-4-1 | 1-4-2

1-4-1 古希腊最杰出的领导人伯里克利的雕像，克勒西拉斯(Kresilas)原作，罗马帝国复制，现藏梵蒂冈博物馆

1-4-2 古希腊哲学家苏格拉底的大理石塑像复制品，利西波斯(Lysippus)原作，现藏于卢浮宫博物馆

公元前 3000 年的文物，多为抽象的人物，被称为基克拉迪艺术 (Cycladic art)。此后，古希腊的雕刻受到埃及艺术的影响，逐渐趋向写实。自公元前 500 年，古希腊的雕刻逐渐作为公共建筑物的装饰，尤其是神庙的装饰，多以神祇为题材。在其他公共建筑物中，古希腊人也塑造纪念性雕像，纪念性雕像作品一般用于庆祝战争获胜、奖励在运动场上夺冠的运动员，或是纪录一些重大政治事件。伯里克利时代的希腊雕塑成为西方雕塑史上的第一个全盛时期，全盛时期的著名雕塑家为菲狄亚斯 (Phidias)、米隆 (Myron) 与波利克里特斯 (Polykleitos)。菲狄亚斯既是雕塑家也是建筑师，最重要成就是设计并完成了雅典卫城和卫城内的两座雅典娜女神大型雕塑以及在奥林匹亚圣地塑造的宙斯巨像。另一位著名雕刻家米隆以石头或青铜为素材，雕出运动员和各种动物的雕像。波利克里特斯不仅是雕塑家也是艺术理论家，他提出专著《法则与对称》(The Kanon and Symmetria), 波利克里特斯认为人体雕像应有清晰的数学比例，并且系统地阐述了人体各部位的比例关系。希腊化时代的雕刻艺术形成了以不同地区为中心的各种风格，人物雕像的特点强调非凡的个性，某些作品出现夸大的效果，意境虽然不如古典时期，但表现方法更加细腻。

2 克里特文明与克诺索斯王宫

The Civilization of Cretan and The Palace of Knossos

2.1 克里特文明

The Civilization of Crete

克里特文明或称米诺斯文明 (Minoan civilization，公元前 3000—前 1450 年) 是爱琴海地区的古代文明，出现于迈锡尼文明之前的青铜器时代。英国考古学家阿瑟 • 埃文斯爵士（Sir Arthur Evans, 1851-1941 年）在克里特岛最早发现米诺斯文明遗迹，“米诺斯”的命名是阿瑟 • 埃文斯首先提出的，“米诺斯”源于古希腊神话中的克里特国王米诺斯。[14] 在古希腊时代，米诺斯王是传说人物 , 近代学术界认为有关米诺斯王的事迹纯属虚构。克里特文明遗迹主要集中在克里特岛，克里特最早的新石器文化遗迹约始于公元前 7000 年，公元前 2500 年之后，铜器、青铜器逐渐增多。从出土文物和建筑遗址分析，克里特文明与远古埃及和西亚的关系密切，与其后继的古希腊文明没有明确的关联。克里特最早居民可能是来自亚洲，约在公元前 6 世纪开始定居克里特，克里特的文明从公元前 2600—前 1100 年持续繁荣了 1500 年。[15] 今日克里特岛首府伊拉克利翁 (Heracleon) 的考古学博物馆和雅典国家考古博物馆收藏大量克里特时期的文物，使我们有幸能够初步了解克里特时期的文明。

在古埃及的文化影响下，克里特文明早期使用过象形文字，此后，可能是使用一种线性文字 A(Linear A) 书写，由于迈锡尼文明的入侵，他们转用线性文字 B(Linear B) ——一种早期希腊语字母来记事。线性文字 B 在 20 世纪 50 年代被破解，线性文字 A 至今仍无人可以解读。1908 年，意大利考古学家路易吉 • 毕雷 (Luigi Pernier) 在克里特岛南部的斐斯托斯（Phaistos）一座建筑遗址内发现一个黏土烧制的圆盘，圆盘直径约 15cm，大约制成于公元前 1700 年，圆盘的两面均刻有令人不解的符号，圆盘被命名为《斐斯托斯圆盘》（Phaistos Disc）。阿瑟 • 埃文斯将斐斯托斯圆盘上的线型解释为 45 种独特的标记 (unique signs)，具有 242 种象

---

⑭ 阿瑟 • 埃文斯的最大成就是对米诺斯文明的考察，并出版了四卷本的著作《克诺索斯的米诺斯王宫》(The Palace of Minos at Knossos)。阿瑟 • 埃文斯对米诺斯文明的线形文字 A 和线形文字 B 的解读也做出了很大的贡献。

⑮ Supervision of texts, Sosso Logiadou–Platonos. Knossos : the Minoan civilization[M]. Athens: I. Mathioulakis & Co., 1980:7.

征 (tokens)，表达日常生活发生的事，阿瑟 • 埃文斯对斐斯托斯圆盘线型的解读被许多学者认可。斐斯托斯圆盘上的线型和古埃及的象形文字有几分相似，关于斐斯托斯圆盘的用途及符号的确切含义众说纷纭，被认为是世界上 10 个无人能解之谜中的一个，斐斯托斯圆盘现在收藏在伊拉克利翁考古博物馆。由于克里特文明的线形文字 A 尚未破解，至今对克里特文明的历史和社会结构未能全面了解，但是可以肯定，克里特文明的创造者和日后的希腊人不是同一种族。

克里特文明崇拜自然界的万象和多神论，蛇和公牛特别受到崇拜，母系社会的影响也反映在克里特文明中，女神受到特别尊敬。克里特文明对蛇的崇拜、特别是对眼镜蛇的崇拜应当是受古埃及文化的影响，伊拉克利翁考古博物馆展出的著名《蛇女神》(Snake Goddess) 也可能是女祭司，制作于公元前 1600 年，“女神”袒胸露臂，双目圆睁，双臂上均有蛇盘绕，女神左手还握着蛇头，腹部的蛇似乎是从体内爬出来的，其中的一条蛇爬至头顶，形象颇为恐怖。

显示克里特文明的重要出土文物为陶器、石雕、壁画以及印章。克里特最早使用的工具和生活用品均为石器，克里特文明的青铜器制品、黄金制品和象牙雕刻也都有很高水准。克里特文明最早的雕刻是用大理石雕刻的人物和动物、一种并非实用的抽象造型艺术品，用于祭祀或某种魔法甚至是作为玩具。公元前 3000—前 2100 年，克里特的生活用品开始使用陶器，陶器的造型丰富多彩，充分显示出克里特文明时期高超的工艺水平。公元前 1500—前 1450 年，克里特人以黏土烧制的牛头状容器（rhyton）形象相当逼真，本书选用一幅有黑眼圈的牛头形状的奠酒容器，是此类陶土容器的代表性作品，伊拉克利翁考古博物馆的另一具陶土瓶上的浮雕呈现牛形，虽然陶土瓶本身工艺并不精细，但是牛的形象却很逼真，而且略有稚气。伊拉克利翁考古博物馆有一具石雕母狮头像容器，出土于克诺索斯王宫，大约制作于公元前 1600—前 1500 年，据说为了表现真实形象，母狮的眼睛和鼻子用特殊材料填充，遗憾的是母狮的眼睛和鼻子未能保存下来。克里特文明时期的大部分陶瓷制品表面均绘有图案，早期的图案以螺旋曲线、鱼骨纹为特征，线条舒展流畅，中期的图案为自然主义的风格，普遍绘制鱼、鸟和花卉并辅以简单的几何图案。晚期克里特文明陶瓷制品的图案虽然仍以花卉和动物为主题，但是增强了变化，不仅绘画水平提高，陶瓷表面甚至增加了凹凸，使画面增加了立体感。克里特文明时期的壁画也是上乘之作，具有清秀飘逸的特色，与东方绘画有别。

克里特文明时期最重要的祭祀品是“双面斧”（Double Axe），“双面斧”准确的意义尚不明确，似乎是作为武器的象征，少数青铜制作的双面斧上还有类似线性文字 A 的符号，与《斐斯托斯圆盘》上的符号相似。本书介绍了伊拉克利翁考古博物馆的一个 “双面斧展板”，展品均为宗教礼仪的祭品，显示克里特文明时期的各种规格、各种材质的双面斧，包括微型的纯金双面斧。

伊拉克利翁考古博物馆展出的一具陶土烧制的组合型容器，上部呈牛角状，下部为船形，不仅说明牛角是当时重要的祭祀符号，也说明克里特文明时期的造船业很发达，这具陶土容器制作于公元前3000—前2100年，是最早出土的文物之一。公元前1400—前1375年，克里特人已经使用青铜器生活用具，伊拉克利翁考古博物馆展出的青铜炊具和容器具有相当的工艺水平。雅典国家考古博物馆展出的一具带孔洞的陶土容器，孔洞令人费解，据说是为了"通风、散热"，带孔洞的陶土容器出土于基克拉迪群岛中最大的纳克索斯岛（Naxos）。

雅典国家考古博物馆中有许多出土于克里特岛和基克拉迪群岛的陶土烧制的生活用品和祭祀用品，例如基克拉迪时期(公元前3200—前2000年)制作的一种"煎盘"（Frying-pan），盘底加厚并刻有象征意义的花纹，或许也有利散热。另一种是古希腊的双耳大饮杯和用于混合葡萄酒和水的调酒器(skyphos-krate)，容器分上、下两截，表面有黑色人物图形，制作于公元前620年。还有一种陶土烧制的容器，四周有孔，用途不详，制作于公元前1800—前1700年。此外，有一种烧制工艺更复杂的陶瓷组合杯(multiple vessels)，16个杯连在一起，下侧互相连通，准确功能不详，似乎是为了表现"工艺水平"，组合杯外侧的几何图案清晰有力。

伊拉克利翁考古博物馆中有一组古希腊宴会时使用的豪华陶瓷容器，容器制作于公元前1900—前1700年，不仅容器的质量高，容器外面的彩画也具有高水平。例如一个双耳大瓷坛分为上下两截，灰色几何图案以黑色背景衬托，图案层次分明，格调高雅。另一具由圆柱支撑的圆盆，容器以规律的图案装饰，外侧增加突出盆外的花朵，非常醒目。伊拉克利翁考古博物馆中有一具陶土烧制的"木轿"（wooden litter）模型，轿子内有座位，应当是为重要人物服务，制作于公元前1700—前1600年。

伊拉克利翁考古博物馆中的一具象牙雕刻模型"米诺斯公牛上的跳跃者"(Minoan Bull- Leaper)非常有名，模型仅仅是大型雕塑的一部分，充分展示了跳跃者运动时的张力与方向，制作于公元前1600—前1400年，出土于克诺索斯王宫。"米诺斯公牛上的跳跃者"说明在青铜器时代的克里特文明已经开展体育运动，而且是宗教仪礼的重要内容，伊拉克利翁考古博物馆中另一具壁画名为"抚牛腾跃"(Bull-leaping)可以作为"米诺斯公牛上的跳跃者"模型的补充，据说在公牛背上的跳跃类似于翻筋斗的体操动作，是当时的一种体育竞技运动。

一组克诺索斯出土的黏土烧制的模型，展示古代克里特妇女在宗教仪式上翩翩起舞，制作于公元前1350年，收藏在伊拉克利翁考古博物馆。伊拉克利翁考古博物馆中还有展示克里特文明关于音乐活动的情况，源自两具棺材外侧的绘画。说明音乐是当时重要的社会活动内容，绘画中展示出当时的管乐器和弦乐器，如双管笛、竖琴和古希腊流行的里拉琴(lyres)，里拉琴是一种七弦琴，从壁画中乐师身上豪华的衣着可以看出乐师在古代克里特社会中是专业人员，而且有较高的地位。

伊拉克利翁考古博物馆中有一幅表现祭祀礼仪的壁画复原图，名为《列队行进》，《列队行进》是克诺索斯王宫中最著名的壁画，《列队行进》壁画安置在王宫西侧主入口内通道的墙壁上。《列队行进》壁画复原图中穿插部分壁画原件，本书摘取了两幅壁画片断，一幅表现人们向女主人奉献，女主人是王后或女神，另一幅是壁画的真迹片断，展现《列队行进》画面右端“持祭物的男人”（Cup-bearer），“持祭物的男人”是克诺索斯王宫中保护最完好的壁画真迹。《列队行进》画中人物的尺度和真人近似，他们衣着华丽，充分显示克里特时期的王宫奢侈生活。伊拉克利翁考古博物馆中另一幅大型壁画复原图，表现“克诺索斯王宫内院的正面看台”，看台共有3层，人们正在观看献祭仪式，妇女们坐在升高的平台上，谈笑风生，背后是大量的人群，绘画的表现方式很有章法，重点突出几组以妇女为中心的画面，同时以“人头攒动”作为背景，暗示大量人群，具有图案效果，表现手法相当“前卫”。本书也摘取了“克诺索斯王宫内院正面看台”壁画复原图的1个片断，表现以妇女为中心的画面和作为背景的“男性人头攒动”。伊拉克利翁博物馆展出的古代克里特壁画中均以女性为中心，似乎可以说明当时是“母系社会”或“深受母系社会的影响”。克里特时期的服装也很有特色，多数男人穿束腰的短裙，妇女穿束腰的长袍，配以镶边短袖上衣，胸部开敞并特意露出乳房、显示健美和青春。古代克里特的男、女均戴假发，绘画中区别男女的主要方式是颜色，男人皮肤画为棕色、女人皮肤画为白色，克里特时代的男女服装、假发与绘画表现方式明显地受古代埃及文化习俗的影响。[16]

古代克里特人认为人们死后会去往另一个世界，这个世界是他们想象中的“米诺斯天堂”(Minoan Paradise)，这是一个和平的世界，永恒的春天，充满绿树、鲜花和鸟兽，这个世界很遥远，在跨过大海的一个小岛上，荷马时代称之为“极乐世界”(Elysian Fields)，这种“极乐世界”的观念与古代埃及完全不同。古代克里特人的坟墓一般都很小，多数为石窟式墓室(rock-cut chamber)，墓室平面为矩形或圆形，内置石棺，石棺比较考究，他们把想象中的极乐世界生活画在自己的石棺上，偶然也会有神灵出现在石棺上。在古代克里特的墓室中有一些陪葬品，例如陶土烧制的生活器具和赠给死者的祭品或珠宝盒，偶尔也会祭献武器或青铜器制品。陪葬的祭品中经常出现祭拜姿势的人物形象，表达向死者或神祭拜，这些祭拜姿势的人物有时还携带各自的附加物品。另一种陪葬品是青铜或铅制的祭拜姿势人物或动物形象，有些动物的前额上还嵌有黄金标记。

---

⑯ Barbara Mertz. Red Land, Black Land : the world of the ancient Egyptians [M]. New York : Dell Publishing Co.,1966：95−96.

伊拉克利翁考古博物馆中令人颇感兴趣的是陪葬品中的印章和印章戒指(signet rings)。据博物馆方介绍，仅在斐斯托斯宫殿 (palace of Phaistos) 的一个房间就发掘出 6500 个黏土烧制的印章，古代克里特的印章表达主人的思想和信仰，有些印章描绘宗教仪式或当地的动、植物。本书选择了 3 个印章和 1 个印章戒指，并附上印章图案的分析图，印章戒指的图案表达“对事物真谛的顿悟”，图中的妇女在花丛中翩翩起舞，并向神灵祈祷，印章戒指出土于克诺索斯，制作于公元前 1500—前 1450 年。公元前 1000—前 700 年，克里特开始流行遗体火化，并将遗骨放在骨灰盒中。

克里特文明最重要的依据是建筑遗址，规模最大的建筑遗址是在克诺索斯发现的“克诺索斯王宫”。此后，在克里特岛又发现多处建筑遗址，重要的有克里特岛南部的斐斯托斯 (Phaistos) 遗址、扎克罗斯 (Kato Zakros) 遗址、马里亚 (Malia) 遗址、加拉塔斯 (Galatas) 遗址等。

公元前 1525—前 1500 年，在克里特岛北面，距离克里特岛约 70km 的锡拉火山 (Thera volcano) 爆发，克里特岛上的城市被埋在厚厚的火山灰下，继而引起了巨大的海啸，这次的火山爆发可能是人类有记录的历史上最大的一次火山喷发，使辉煌的克里特文明毁于一旦。锡拉火山的喷发时间及其对克里特文明的影响至今仍在争议中，古代克里特岛上的人以从事海外贸易为主，因此，有人认为是贸易失败导致持续数年的饥荒，致使克里特文明衰落，也有学者认为是安纳托利亚的入侵，导致克里特文明消失。公元前 1450 年前后，来自北方的古希腊人占领了克诺索斯王宫，标志着克里特文明的衰落，此后，爱琴海地区的文明中心转移到希腊本土的迈锡尼地区。

2-1-1 斐斯托斯圆盘正面

2-1-2 斐斯托斯圆盘背面

2-1-3 线形文字B是一种早期希腊语字母

2-1-1

2-1-3 2-1-2

Ἀνδρας
Man 男人

Γυναίκα
Woman 女人

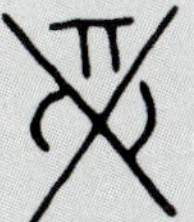

Χρυσός
Gold 黄金

Ελάφι
Deer 鹿

Ίππος
Horse 马

Μαλλί
Wool 羊毛

2-1-4 伊拉克利翁考古博物馆展出的克里特《蛇女神》雕塑

2-1-5 克里特时期黏土烧制的大眼睛牛头状容器

2-1-6 克里特时期石雕母狮头像容器

2-1-7 克里特时期陶土瓶上的浮雕呈现牛形

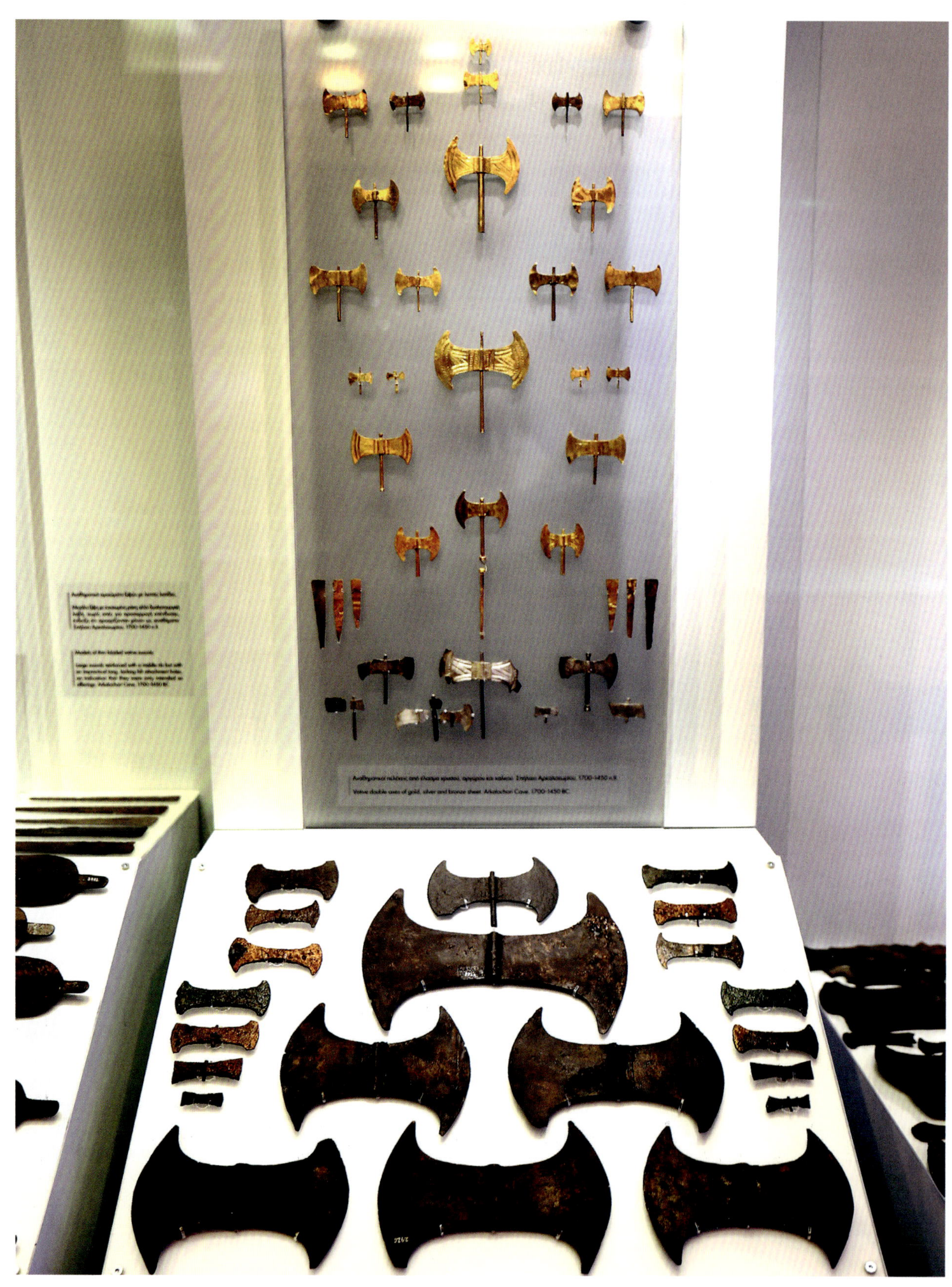

2-1-8 克里特时期最重要的祭祀品是“双面斧”，展板上部为微型的纯金双面斧

2-1-11
2-1-10
2-1-9 2-1-12

2-1-9 克里特时期陶土烧制的组合型容器，上部呈牛角状，下部为船形

2-1-10 克里特时期带孔洞的陶土容器

2-1-11 克里特时期的青铜炊具和容器具有相当高的工艺水平

2-1-12 克里特时期的“煎盘”盘底加厚并刻有象征意义的花纹

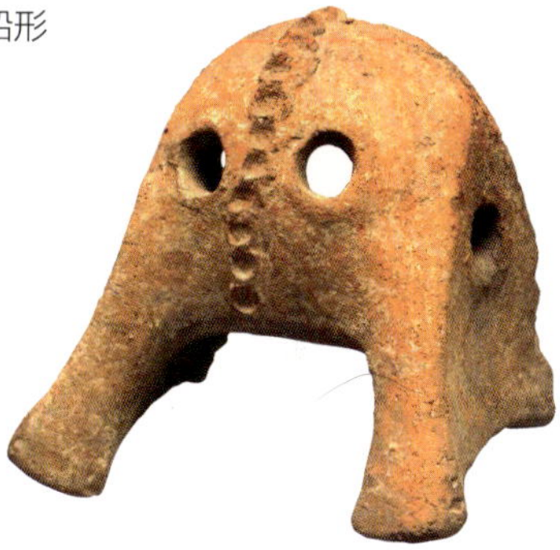

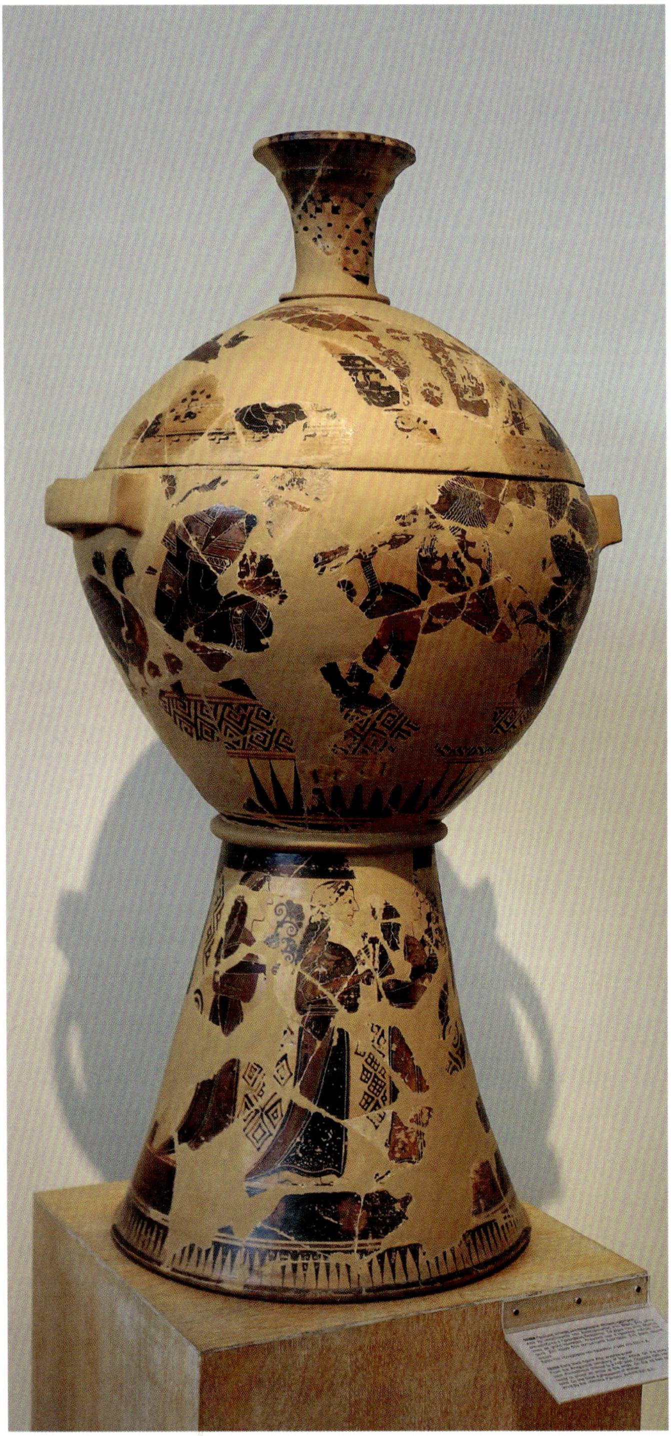

2-1-13 2-1-14 2-1-15

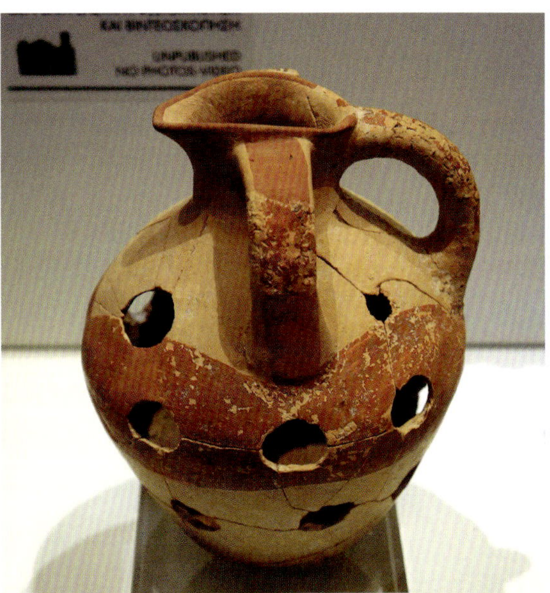

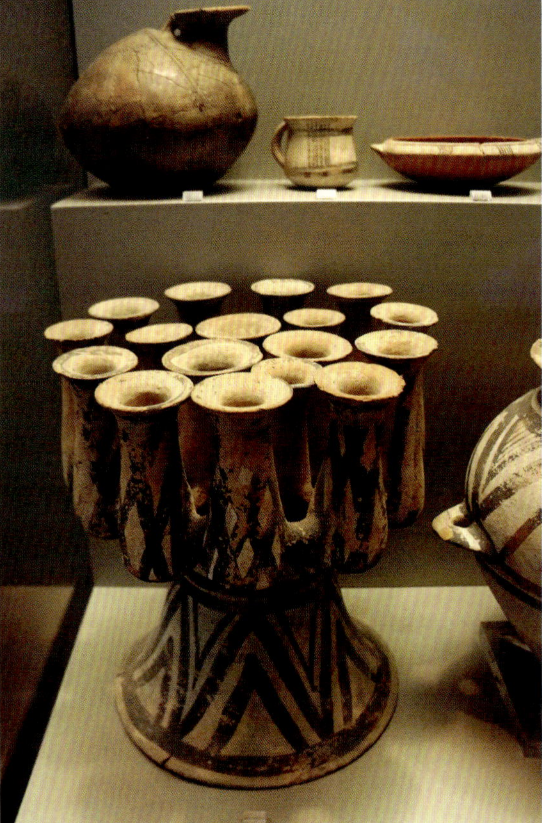

2-1-13 克里特时期用以混合葡萄酒和水的调酒器

2-1-14 克里特时期陶土烧制的容器，四周有孔

2-1-15 克里特时期一种烧制工艺复杂的陶瓷容器

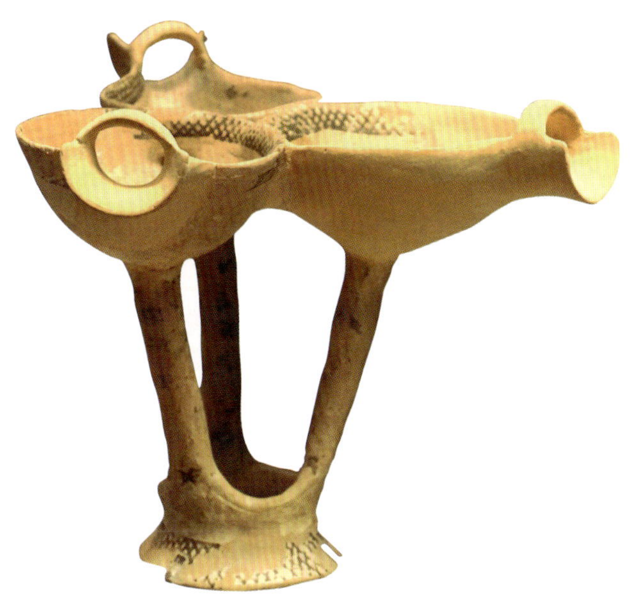

2-1-16 2-1-17
2-1-18

2-1-16 克里特时期陶土烧制的香炉烛台

2-1-17 克里特时期宴会时使用的豪华陶瓷容器

2-1-18 克里特时期宴会使用的豪华容器带有雕花

2-1-21 2-1-19

2-1-20

2-1-19 克里特时期陶土烧制的“木轿”模型

2-1-20 克里特时期象牙雕刻模型“米诺斯公牛上的跳跃者”

2-1-21 克里特时期名为“抚牛腾跃”的壁画

2-1-22

2-1-23

2-1-22 克里特时期黏土烧制的克里特妇女在宗教仪式上舞蹈

2-1-23 克里特时期的音乐活动

2-1-24

2-1-25

2-1-26

2-1-24 克里特时期棺材外侧表现音乐活动的绘画

2-1-25 克诺索斯王宫中的《列队行进》壁画复原图

2-1-26 《列队行进》壁画复原图片断，表现“人们向女主人奉献”

2-1-27
《列队行进》壁画片断
"持祭物的男人"真迹

2-1-29

2-1-28

2-1-30

2-1-28 克诺索斯王宫壁画，表现内院的正面看台

2-1-29 克诺索斯王宫内院壁画片断，表现妇女们坐在升高的正面看台上谈笑风生

2-1-30 克里特时期的石棺表面绘制鲜花和鸟兽

2-1-31

2-1-32

2-1-33

2-1-31 克里特时期陪葬品中祭拜姿势的人物形象

2-1-32 克里特时期陪葬品中的青铜或铅制人物或动物形象

2-1-33 克里特时期陪葬品中的印章和印章戒指（左下）

2.2 克诺索斯王宫

The Palace of Knossos

克里特岛位于希腊半岛南侧，它是围合爱琴海的大岛，地理位置与埃及靠近，人们甚至很难判定将它归于欧洲还是非洲。克里特岛是一个多山的岛屿，有自然形成的港湾，早在新石器时代（公元前 6700—前 3200 年）便有人在此定居。

公元前 2000 年，克里特人已经成为拥有高度文明的民族，他们以陶瓷和金属为主的手工业产品同其他岛屿的民族进行贸易往来,同时在绿色的山谷中耕种土地、放牧牛羊。据相关资料记载，克里特岛的克诺索斯当时已有人口 8 万 ~10 万，是地中海上最大的城市。根据荷马史诗《奥德赛》的描述，克里特岛昔日曾有 90 个城市，克诺索斯建筑遗址所在的城市是最重要的一个。根据考古学者的论证，在克里特文明高峰期，克里特岛上至少有 8 个行政分区，北部由克诺索斯控制，南部由斐斯托斯（Phaistos）控制，中部偏东由马利亚 (Malia) 控制，东、西两侧分别由卡托扎克罗斯 (Kato Zakros) 和干尼亚 (Chania) 控制。行政区均有各自的“王宫”，虽然规模大小不等，但是均小于克诺索斯的王宫。

古希腊历史学家希罗多德（Herodotus，公元前 484—前 425 年）在《历史》(The Histories) 中称克里特岛的米诺斯国王为海上统治者——“一个征服了许多土地并且在战争中经常取得成功的国王”。[17] 修昔底德（Thucydides, 公元前 460—前 455 年）是古希腊历史学家和思想家，他在《伯罗奔尼撒战争史》中也指出：根据传说，米诺斯是第一个组织海军的人，他控制了希腊海的大部分地区。米诺斯海上霸权的意义在于它控制了东部地中海的海运，形成了一个以克里特为中心的贸易网。

克诺索斯王宫遗址是由英国考古学家阿瑟 • 伊文思（Arthur Evans，1851-1941 年）和他的团队于 1900 年进行了最早的完整发掘，并持续了 35 年，不仅发现了大批文物，并且发现许多刻有线形文字 A 的陶土板文本，揭示了克里特文明的存在，目前所知有关克里特文明的考古资料，有一半以上来自这座王宫遗址。

克诺索斯王宫位于克里特岛北部居中的位置，面向爱琴海，被认为是传说中的“米诺斯王宫”、欧洲最古老的王宫。阿瑟 • 伊文思认为：克诺索斯王宫应当是该

---

⑰ 希罗多德被认为是古希腊“历史之父”，他所著《历史》一书共 9 卷，内容丰富，宛如古代社会一部小型“百科全书”。

地区最重要的建筑物，外围还有住宅和陵墓，王宫及其相关用地总计约 80hm^2，人口约为数千人。克诺索斯王宫坐落在地势不高的凯夫拉山 (Kephala Hill) 缓坡上，海拔 85m，王宫始建于公元前 1900 年，公元前 1700 年受到一次地震破坏，地震后王宫重新修建。公元前 1200 年，王宫又因火灾再次被破坏，此后，北方的古希腊人入侵，王宫又不断被破坏，现在看到的王宫是在公元前 1700 年重新修建的王宫遗址上局部复原的克诺索斯王宫。

克诺索斯王宫占地面积达 22000m^2，宫内房间总数在 1500 间以上。⑱ 王宫以长方形中央庭院为中心，中央庭院南北向长约 60m、东西向宽约 30m，地势西北高、东南低，建筑布局不追求对称，内部空间错综复杂，外人难得其规律，在古希腊神话中被誉为“迷宫”（Labyrinth）。克诺索斯王宫根据功能要求分为东、西两区，西区在中央庭院西侧，布置国王办公、宗教用房和武器弹药库，东区在中央庭院东侧，布置王室寝宫、手工业加工和相应的生活用品仓储用房。克诺索斯王宫的四面均有出入口，每个出入口都具有防御功能，王宫室内的通道扑朔迷离，具有高度私密性。

克诺索斯王宫西区：行政与宗教中心

克诺索斯王宫的南入口沿着王宫的南北中轴线，似乎并不经常使用，从南侧入口须经过几道“门”才能辗转进入中央庭院，从南入口也可以曲折地进入西区王宫。南入口的《百合花王子》(Prince of the Lilies) 壁画是克诺索斯王宫著名的壁画之一，现珍藏在伊拉克利翁考古博物馆内，现场展出的是复制品。克诺索斯王宫南侧西端有一处祭司住宅（House of priest），祭司住宅连接王宫西区南侧通道和王宫的南入口，祭司住宅选择的位置似乎是为了显示其地位的特殊性，现场对此并没有详细介绍。阿瑟 • 伊文思修复了祭司住宅的一部分，同时也修复了克诺索斯王宫西区南侧通道西南转角处的“独柱小厅”及其半地下室。

克诺索斯王宫西区主入口在西侧，西入口西侧是具有良好铺地的西院 (west court)，在西院开阔的场地上可以看到造型丰富的王宫西区。王宫西院是具有祭祀功能的礼仪性广场，广场设有两处祭坛和 3 个存放废弃祭品的石砌圆形大坑（Koulours or circular walled pits）。从西院不仅可以进入王宫，也可以通向东北角的露天剧场。

克诺索斯王宫西入口的门廊由一根独柱支撑，门廊南侧有两间小室，一间是

---

⑱ Supervision of texts, Sosso Logiadou-Platonos. Knossos : the Minoan civilization[M]. Athens: I. Mathioulakis & Co., 1980：17.

门卫室，另一间被认为是国王在举行祭祀仪礼前休息的地方。从西入口的门进入王宫先经过一条被称为《列队行进》的通道，《列队行进》是克诺索斯王宫中最有价值的壁画，这幅壁画就是在这条通道内发现的，本书前一章已经介绍过这幅壁画。《列队行进》通道自北向南，然后转向东，再折返向北，最终进入王宫的中央通道，沿着西区王宫的中轴线登上宽敞的大台阶，经大台阶进入王宫二层的主体或称圣所(Piano Nobile or Sanctuary)，如此曲折的路线，显然是出于防御的需要。

从《列队行进》通道进入通向王宫二层的中央通道有一系列的空间变化，首先是柱廊的变化，克诺索斯王宫遗址仅仅复原了西区王宫南端柱廊的西侧，使我们初步领略了王宫的建筑风格，南端柱廊很高、占据两层空间，圆柱与方柱的组合，红、白、黑色彩的变化，令人赞赏。进入王宫二层的三柱殿 (Tri-Columnar Shrine) 之前还要穿越前厅，三柱殿是阿瑟•伊文思的命名，实际上殿内有 6 根柱子。三柱殿的西侧还另有 2 柱大厅和 6 柱殿以及相应的贮藏室。

王宫主体部分 (Piano Nobile) 的建筑设计相当复杂，进入王宫二层的三柱殿有两个路径，一个是前面提到的经西入口从南侧进入，另一个路径是从中央庭院经另一处中间设有立柱的大台阶进入，从总体布局可以分析出：三柱殿应当是克诺索斯王宫最重要的地方，或许是宗教与行政管理中心。西区王宫首层东侧面向中央庭院的房间相对开敞，宝座室 (Throne Room) 是目前对外开放的房间，进入宝座室须经过前厅，宝座室是国王进行宗教活动的地方，或许是接待室，宝座室因室内有国王宝座而得名。国王宝座由白色石材雕刻而成，宝座两侧的白色石凳是祭司的座位，宝座前有一具浅灰色礼仪石盆（lustral basin），据说是祭祀礼仪的用具。宝座室内的壁画是克诺索斯王宫的重要文物，壁画的内容是描绘格里芬 (griffins) 与似芦苇的植物，格里芬是希腊神话中的神兽，克诺索斯王宫中的格里芬形象为鹰头、狮身和蛇尾的怪兽，似乎比后期古希腊的格里芬形象善良一些。国王宝座前方还有一处由 3 根黑色圆柱支撑的采光小中庭，光影效果加强了室内的礼仪气氛，采光中庭通向二层，在二层形成一处展厅，3 面采光的天窗设在三层，采光小中庭很有创造性。

靠近北入口的王宫北端有一间地下净身室 (North Lustral Basin)，阿瑟•伊文思认为：当时的来访者必须经过这个房间，得到净化后才能进入王宫，净化的方式并非用水，因为房间内并没有给水、排水设施。这间独立的净身室已完全修复，尽管地下的房间并不大，通向地下的楼梯却很有气势，密排的红色支柱颇有装饰效果。克诺索斯王宫的北入口窄小，两侧抬高，有些像“堡垒” (Bastion)。阿瑟•伊文思修复了入口西侧的“堡垒”，并取命“海关”(Customs House)，因为王宫北侧通向大海，克里特有较多海上贸易，阿瑟•伊文思推测外来的商人进入王宫势必经过北门，故而将北门两侧的建筑物取名“海关”。“海关”上层是多柱厅，非常有气势，复原的墙壁上还有狩猎的壁画，因此，王宫北端的建筑物也称“北柱厅”(North Pillar Hall)。

西区王宫首层西侧布置仓库，仓库的面积很大，普遍认为西侧仓库是贮存武器、弹药的仓库，弹药库的墙很厚，恰好作为上层建筑的基础，仓库西墙封闭，没有开窗，封闭的墙面成为西院礼仪性广场的背景。

克诺索斯王宫外的西北角是王宫的露天剧场，剧场西侧有一条东西向的皇家大道，皇家大道南侧还有一幢住宅，被阿瑟•伊文思称作壁画住宅（House of Frescoes），这样的住宅在克诺索斯王宫四周还有不少，应当是当时的贵族住宅。

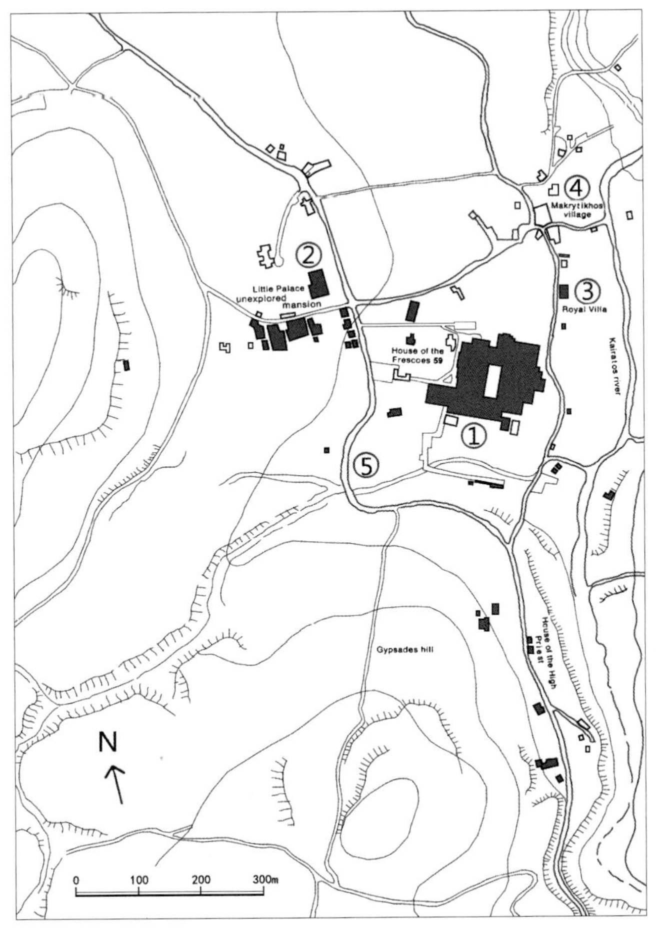

2-2-1 克诺索斯建筑遗址总体布局
1- 克诺索斯王宫；2- 小王宫；3- 王宫别墅；4- 村落；5- 城市道路

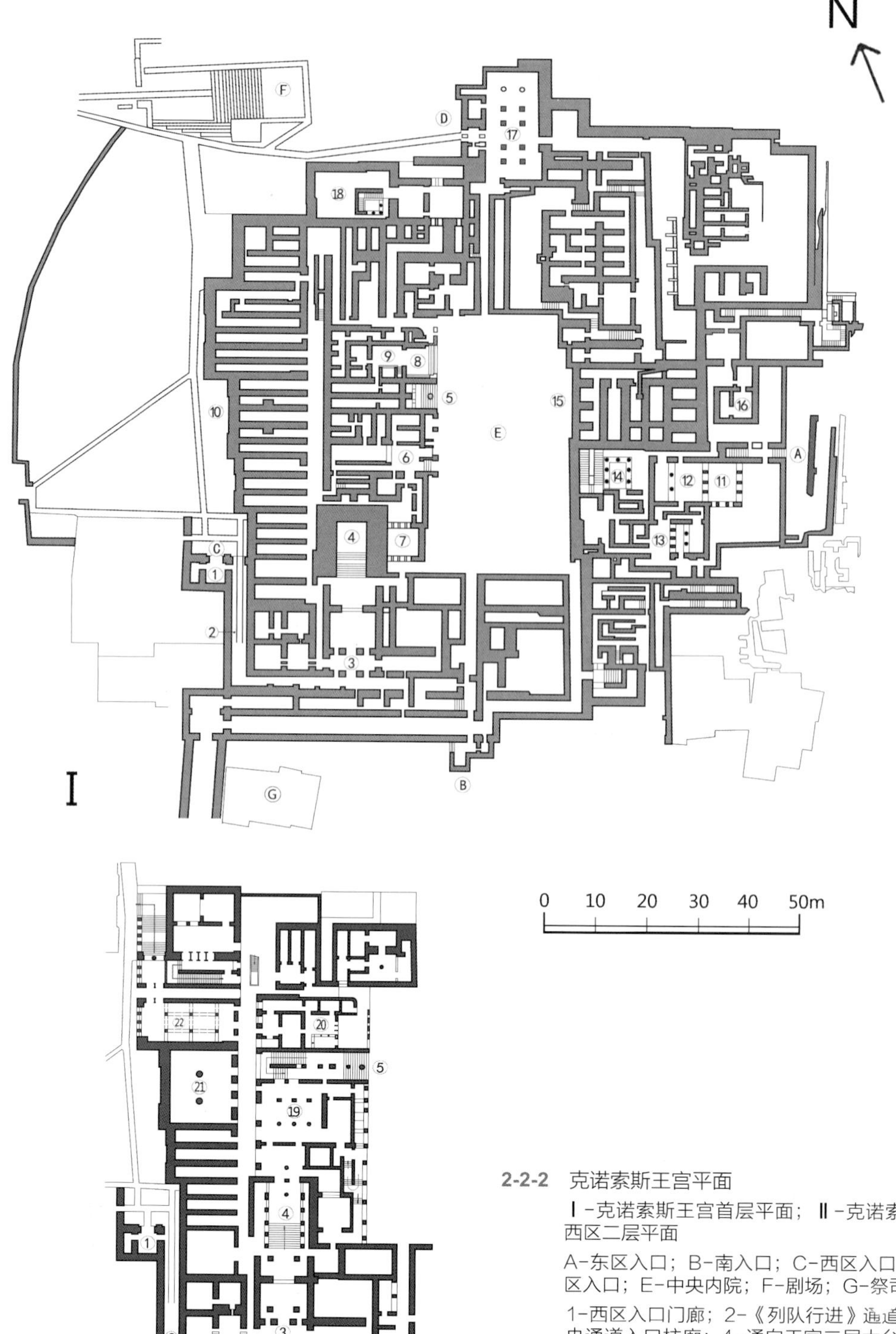

2-2-2 克诺索斯王宫平面

Ⅰ-克诺索斯王宫首层平面；Ⅱ-克诺索斯王宫西区二层平面

A-东区入口；B-南入口；C-西区入口；D-北区入口；E-中央内院；F-剧场；G-祭司住宅

1-西区入口门廊；2-《列队行进》通道；3-中央通道入口柱廊；4-通向王宫二层大台阶；5-中间设有立柱的大台阶；6-地窖前厅；7-瑞亚神庙；8-宝座室接待厅；9-宝座室；10-弹药库；11-国王寝宫前厅；12-国王寝宫；13-王后寝宫大殿；14-大楼梯；15-王室陶罐贮藏；16-王后雕刻作坊；17-北区柱厅；18-净身室；19-三柱殿；20-采光中庭展厅；21-2柱大厅；22-6柱殿

2-2-3

2-2-4

2-2-3 克诺索斯王宫鸟瞰，图中上部为西区，下部为东区

2-2-4 仰视克诺索斯王宫西区南立面，右端是克诺索斯王宫南入口

2-2-5	2-2-6
2-2-8	2-2-7
2-2-9	2-2-10

2-2-5 克诺索斯王宫西区西侧透视

2-2-6 克诺索斯王宫西侧广场存放废弃祭品的石砌圆形大坑

2-2-7 克诺索斯王宫西区西北转角透视

2-2-8 克诺索斯王宫西区南入口南侧透视

2-2-9 克诺索斯王宫西区南入口内的壁画

2-2-10 克诺索斯王宫南侧西端的祭司住宅

2-2-11

2-2-12

2-2-13

2-2-11 克诺索斯王宫西区西南转角处的“独柱小厅”

2-2-12 克诺索斯王宫西区南端遗址透视，游客行走的路线是王宫西区南端的通道

2-2-13 从王宫西区南端望中央通道的大台阶及南端柱廊

2-2-14

2-2-15

2-2-14 从北侧望王宫西区中央通道西侧的柱廊片断

2-2-15 王宫西区中央通道西侧柱廊立面

2-2-17	2-2-16
	2-2-18
	2-2-19

2-2-16 仰视王宫西区中央通道西侧柱廊顶部

2-2-17 王宫西区中央通道西侧的柱廊内的壁画

2-2-18 王宫西区中央通道大台阶及东侧的建筑

2-2-19 王宫西区中央通道东侧连接中央庭院

2-2-20
2-2-21
2-2-22

2-2-20 从王宫中央庭院望王宫西区二层东侧及北柱厅

2-2-21 从中央庭院经中间设有立柱的大台阶可进入王宫西区二层的三柱殿

2-2-22 从中央庭院望王宫西区的宝座室

2-2-23

2-2-24

2-2-23 王宫宝座室及上层的中庭与采光天窗外观

2-2-24 王宫宝座室的前厅

2-2-25
2-2-26
2-2-27

2-2-25 王宫西区宝座室的室内

2-2-26 王宫西区宝座室的室内采光天井

2-2-27 王宫西区宝座室的室内铺地

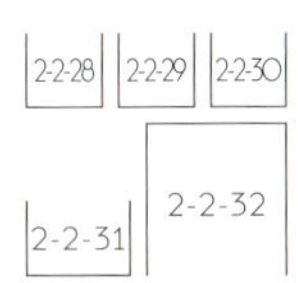

2-2-28 从王宫西区二层中庭展厅俯视首层宝座室入口

2-2-29 王宫西区宝座室前厅内的木制宝座

2-2-30 王宫西区宝座室上的展厅入口与采光天窗外观

2-2-31 仰视王宫西区中庭展厅的采光天窗

2-2-32 王宫西区宝座室上层中庭展厅与采光天窗

2-2-33 | 2-2-34
2-2-35
2-2-36 | 2-2-37

2-2-33 从东北侧望王宫西区宝座室

2-2-34 在西区首层屋顶上望西侧局部复原的墙架

2-2-35 从王宫西院望王宫西区建筑

2-2-36 王宫西区北端的地下净身室透视

2-2-37 通向王宫西区地下净身室的楼梯

2-2-38 通向地下净身室的楼梯密排红色支柱并有采光高窗

2-2-39 | 2-2-40
2-2-41

2-2-39 从王宫北侧望王宫西区北端的地下净身室

2-2-40 俯视王宫西区北端的地下净身室

2-2-41 从克诺索斯王宫北侧望北入口和北柱厅

	2-2-42
2-2-43	2-2-44
2-2-45	2-2-46

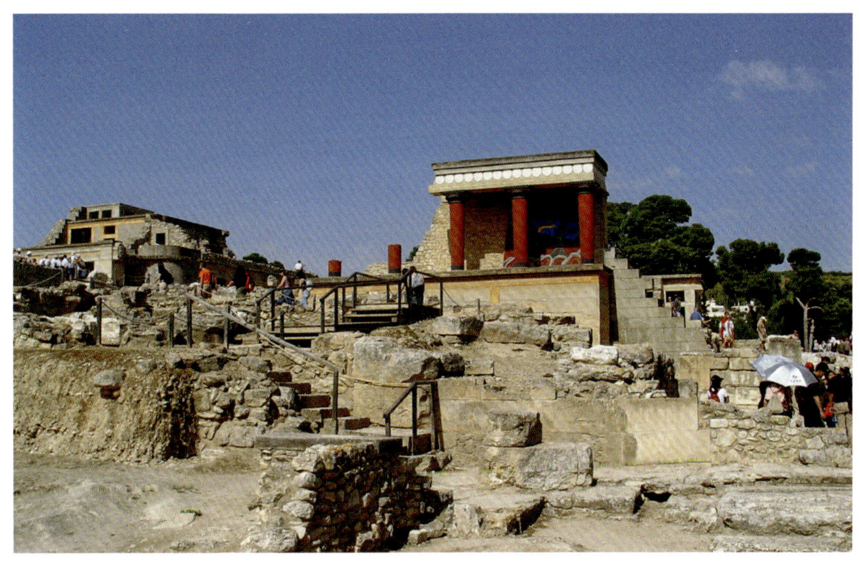

2-2-42 从克诺索斯王宫东侧望北柱厅和宝座室

2-2-43 从克诺索斯王宫西侧望北柱厅和宝座室

2-2-44 从克诺索斯王宫西南侧俯视北柱厅

2-2-45 从克诺索斯王宫东南侧望北柱厅

2-2-46 克诺索斯王宫北柱厅壁画

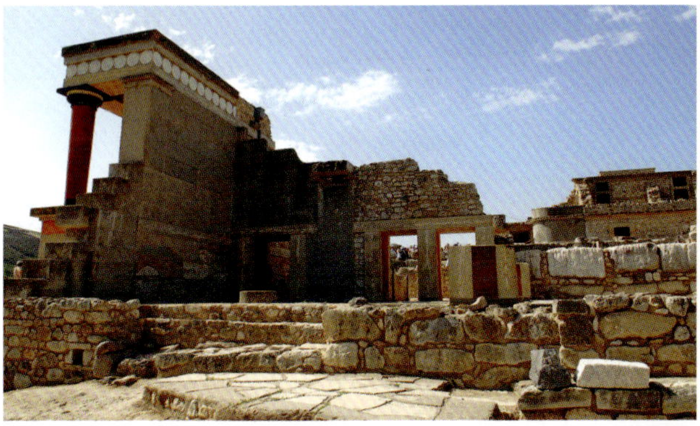

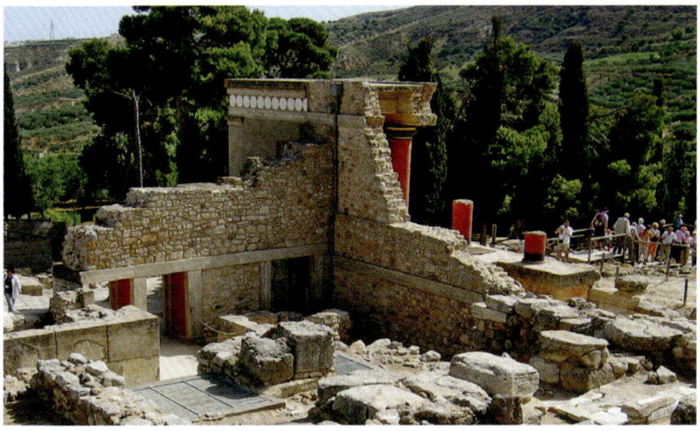

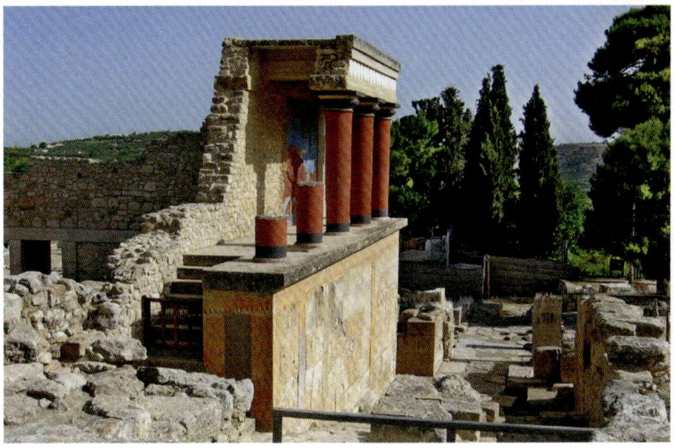

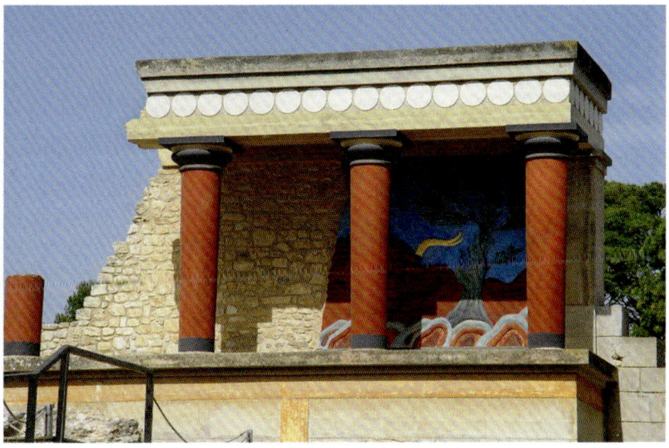

2-2-47

2-2-49

2-2-48

2-2-47 克诺索斯王宫的皇家大道的通向露天剧场

2-2-48 从露天剧场前望克诺索斯王宫西区

2-2-49 俯视皇家大道南侧的湿壁画住宅

克诺索斯王宫东区：王室的生活中心

克诺索斯王宫东区的地形比西区低，从鸟瞰图分析，东区的首层地面比中央庭院的地面降低约 9m，因而中央庭院更像是西区东侧的大平台。进入克诺索斯王宫东区的主入口要经过曲折的梯道，东区入口狭小，两侧封闭，私密性很强，东区南侧的廊道则相当雄伟，总体布局充分利用地形，创造出非凡的艺术效果。克诺索斯王宫东入口南侧布置王室寝宫，包括国王寝宫和王后寝宫，东入口北侧布置加工生活用品的作坊和仓储用房。

由于王室寝宫的地势比中央庭院低，因而国王寝宫的前院被称为东天井 (Eastern Light Well)，国王寝宫的西侧还另有一处较小的西天井，国王寝宫东侧与东天井之间有宽敞的柱廊，使寝宫具备良好的通风、采光条件。国王寝宫大厅分前、后两厅，两厅之间以隔扇（polythyrons or pier-and-door partitions）相隔，具有使用的灵活性，在东侧柱廊可以看到大厅内国王的宝座和西天井。国王寝宫前厅称为“双斧厅”（Hall of the Double Axes），双斧是克里特重要的礼仪符号，或许也是“王权”的象征。

王后寝宫在国王寝宫南侧，从国王寝宫的东天井可以通向王后寝宫南侧入口的小前院，从国王寝宫的后厅也可直接通向王后寝宫，考虑周密。王后寝宫是一套典型的米诺斯豪华住房，王后寝宫首层室内墙壁绘有海豚戏水的壁画，优美高雅，寝宫首层西侧有一间小室，东侧设有门廊和内院，北侧设有王后私用的小楼梯，通向二层。从王后寝宫首层向西经过一个小夹道可通向浴室和冲水厕所，据说厕所为座式厕位，冲洗用水贮存在大水罐中，王后的冲水厕所似乎是历史上的首创。浴室和冲水厕所的北侧是王后纺纱的小院 (court of the Distaffs)。王后寝宫的卧室应当在二层，因为王后寝宫首层的房间四面都有门，不宜居住，今日从王宫中央庭院可以俯视王后寝宫二层卧室的墙基。在国王和王后的寝宫内还有一间宝藏室，宝藏室的入口相对隐蔽。王室寝宫的西北角有一处大楼梯 (Grand Staircase)，大楼梯相当宏伟，东侧连通东入口，西侧连接中央庭院，是王宫内的垂直交通枢纽，不仅梯道宽敞，楼梯一侧有天井采光，天井三面柱廊围绕，墙面彩绘，是王宫内建筑设计最精彩的部分之一。[19] 克诺索斯王宫多种形式的内院与天井令人赞赏，不仅解决了采光和通风问题，也丰富了建筑物的内部空间，应当是建筑学发展过程中最早的范

---

⑲ 本文关于克诺索斯王宫遗址各部分房间的用途依照现场介绍，现场介绍则完全依据阿瑟 • 伊文思的个人分析。根据王宫内的壁画分析，本书作者认为：王宫的主人可能是一位女王，因为伊拉克利翁考古博物馆展出的克诺索斯王宫大型壁画中的主角都是女性，因而有可能所谓的国王寝宫和王后寝宫都是为女王服务的。

例之一。

克诺索斯王宫东区的贮藏面积很大，库房连接成行，瓮缸数以千计，大口陶瓷坛存储油和酒，可见油、酒在农业生产和日常生活中的重要地位。有些金银财宝贮存在食品仓库大口陶瓷坛下的石洞内，此外，王宫东区还设有玉石雕刻作坊（Lapidary’s workshop），功能分区明确。

克诺索斯王宫有良好的给水、排水体系，水源为10km外的凯瑞托河 (Kairatos river)，凯瑞托河的水源为泉水，水的输送依靠重力自流原理，经陶瓦输水管输送至王宫和王宫四周的住宅，为了增加水压，输水管的管径由起点至终点逐步缩小，相当科学。排水系统将雨水和污水分开，克诺索斯王宫很重视对雨水的收集，当地周期性的雨水流量很大，为了收集雨水，建造了曲折的排水道和集水池，排水道局部有顶盖，而且可以检修。生活污水设集水池，然后经曲折的排水道排放。

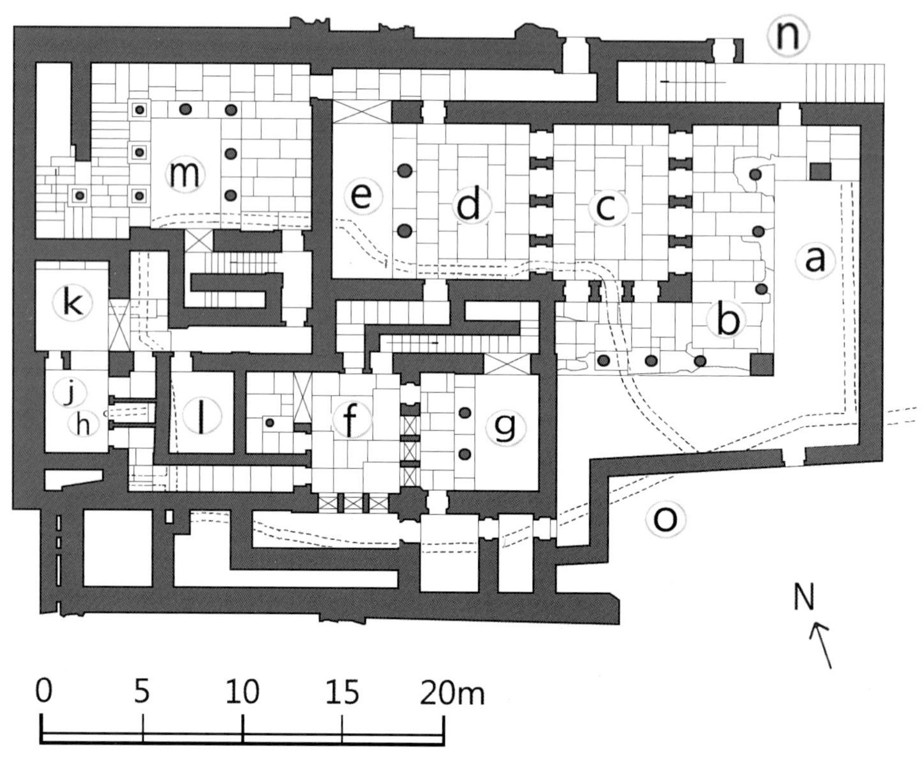

2-2-50 克诺索斯王宫的王室寝宫平面

a- 国王寝宫的小前院；b- 国王寝宫宽敞的柱廊；c- 国王寝宫前厅；d- 国王寝宫后厅；e- 国王寝宫的西天井；f- 王后寝宫；g- 王后寝宫前院；h- 王后寝宫冲水厕所；j- 王后寝宫浴室；k- 王后寝宫后院；l- 王后寝宫宝藏室；m- 大楼梯采光天井；n- 东区王室寝宫入口；o- 虚线是地下管线

2-2-51	2-2-52
2-2-51	2-2-54
2-2-55	2-2-56

2-2-51 从克诺索斯王宫中央庭院俯视国王寝宫的前院

2-2-52 透视国王寝宫宽敞的柱廊

2-2-53 从国王寝宫东侧柱廊内可以看到国王宝座和寝宫的西天井

2-2-54 从南侧望国王寝宫

2-2-55 从克诺索斯王宫中央庭院俯视国王寝宫的西天井

2-2-56 从南侧望王后寝宫入口

2-2-57 2-2-59
2-2-58
2-2-60

2-2-57 从王后寝宫南侧小前院向外望

2-2-58 王后寝宫东侧通向柱廊和内院

2-2-59 王后寝宫室内，西侧通厕浴

2-2-60 王后寝宫首层室内壁画为“海豚戏水”，北侧小门分别通向二层和国王寝宫

2-2-61 2-2-62
2-2-63

2-2-61 王后寝宫通向内院的柱廊

2-2-62 从克诺索斯王宫中央庭院俯视王后寝宫

2-2-63 克诺索斯工宫中央庭院通向王室寝宫的大楼梯

2-2-64

2-2-65

2-2-64 王室寝宫大楼梯的天井与壁画

2-2-65 王室寝宫大楼梯的壁画原件现在伊拉克利翁考古博物馆

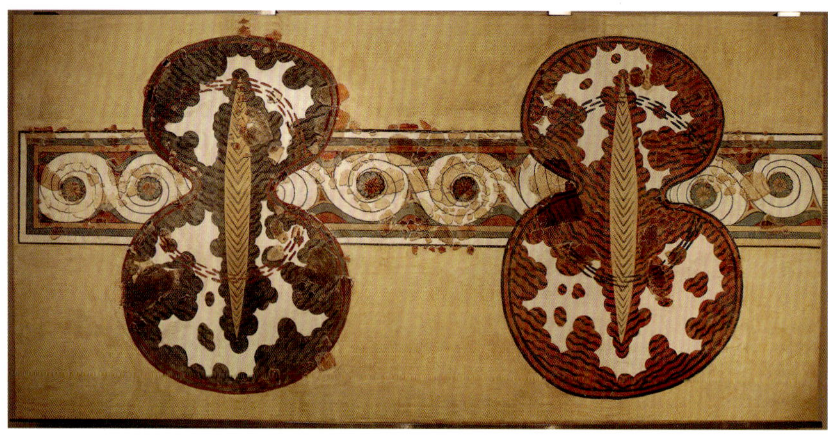

2-2-66	2-2-67
2-2-68	2-2-69
2-2-70	2-2-71

2-2-66 王室寝宫大楼梯通向底层

2-2-67 王室寝宫大楼梯南侧的二层布局

2-2-68 俯视王室寝宫大楼梯南侧的内部楼梯

2-2-69 从克诺索斯王宫中央庭院俯视王室寝宫二层的布局

2-2-70 克诺索斯王宫东区入口北侧的玉石雕刻作坊

2-2-71 王宫东区入口北侧的仓储用房

2-2-73	2-2-72
	2-2-74
2-2-75	2-2-76

2-2-72 王宫东区的给水、排水系统

2-2-73 王宫东区储存油和酒的大口陶瓷坛仓库

2-2-74 克诺索斯王宫埋在地下的排水沟

2-2-75 克诺索斯王宫地面有组织的排水渠道

2-2-76 克诺索斯王宫室外楼梯旁的排水沟

2-2-77

2-2-78

2-2-77 克诺索斯王宫东区东侧通向入口的室外梯道

2-2-78 克诺索斯王宫收集雨水的曲折排水道

克诺索斯王宫的建筑特征

以克诺索斯王宫为代表的克里特建筑特色鲜明，首先是“建筑符号”的运用，“建筑符号”是20世纪中期“后现代建筑思潮”倡导的理论之一，后现代建筑思潮认为可以从传统建筑中“提炼”出一种符号，表达传统建筑的特征，不必简单地去模仿历史上曾经出现过的建筑形式。克诺索斯王宫以“牛角”作为符号，反复出现在建筑物的屋顶上和通道中，令人印象深刻。20世纪后现代建筑思潮的理论家未能引证克诺索斯王宫的“牛角”作为建筑符号的理论依据，有些遗憾。

克诺索斯王宫的结构体系是一种有特色的石木混合结构体系，石材是王宫结构的主要建筑材料，地下室和半地下室全部采用石材砌墙和铺地，大部分墙体由不太规整的石块砌筑，砌筑时填充碎石和泥浆，重点部位如礼仪性用房、国王和王后的居室则由规整的石块砌筑。克诺索斯王宫的地面以上部分采用半木结构(half-timbered)承重，在外墙与隔断墙的上、下横向木架间填充石料，有时也会用浇铸的碎石混凝土梁取代横向木架，有些像中国混合结构采用的混凝土“圈梁”。克诺索斯王宫的柱廊和大厅采用圆形木柱和扁平的木梁，梁柱之间没有特殊的固定构件，木梁上浇铸碎石混凝土板，浇铸楼板时有木模板支撑，有时也会运用密肋拱形碎石混凝土顶板，例如王后寝宫的顶板。今日克诺索斯王宫遗迹有多处已经修复的建筑物故意保留着“残垣断壁”的面貌，有助我们了解古代克里特建筑学的施工水平。建筑史书中几乎普遍认为是古罗马人创造了混凝土，事实说明：古代克里特人把混凝土作为建筑材料比古罗马人提早1500年。[20]克诺索斯王宫的木柱很独特，大部分圆木柱上粗下细，圆木柱上端还有一个扩大的圆柱帽，然后再放置1~3层方形木顶板，圆木柱下端支在扩大一点的圆形石盘上，石盘下面是1~2层方形石块或混凝土块，再下面便是毛石或块石砌筑的带状基础。克诺索斯王宫的结构体系基本合理，造型美观，但抗震性能较差。克诺索斯王宫的礼仪性用房与国王和王后的居室均有内装修，石墙的内装修采用灰泥(plastered with clay)抹面，墙面有壁画时，再增加一层石灰浆(lime plaster)抹面。克里特建筑的色彩也很有特色，强烈的黑色与白色对比，以及红、黄、蓝三原色的运用使古代克里特建筑独具一格。

---

⑳ 关于古代克里特的混凝土成分在遗址现场尚无介绍，有些文章提到有水泥成分，根据克里特的地理环境和当时的生产力水平，估计他们会在混凝土中加入一些石灰石与火山灰。

2-2-79 克诺索斯王宫复原想象图，屋顶女儿墙密排牛角装饰

2-2-80 克诺索斯王宫复原想象图以牛角作为建筑符号

2-2-81 克诺索斯王宫遗址特意保留的大尺度牛角符号

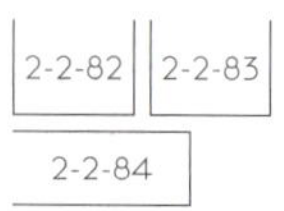

2-2-82 克诺索斯王宫西区中央通道西侧柱廊的结构形式

2-2-83 克诺索斯王宫西区中央通道西侧柱廊的顶部结构

2-2-84 克诺索斯王宫有特色的石木混合结构体系

2-2-85 克诺索斯王宫王后寝宫密肋拱形碎石混凝土顶板

2-2-86 | 2-2-87
2-2-88

2-2-86 克诺索斯王宫王后寝宫内院的深蓝色木柱廊

2-2-87 想象中的克诺索斯王宫北入口顶部的柱廊

2-2-88 王宫西区宝座室上层中庭展厅外墙面的色彩与石砌墙面

2-2-89　祭司住宅的结构体系，下层为石柱、上层为木柱

3 火山灰下的史前村：阿克罗蒂里的建筑物与壁画

The Prehistorical Village under Volcanic Ash:The Buildings and Frescos at Akrotiri

3.1 阿克罗蒂里：古代爱琴海的庞贝

Akrotiri: Pompeii of the Ancient Aegean

古代爱琴海中的锡拉岛（Thera）在古代也称卡利斯特 (Kalliste) 意思是“最美丽的”(the Most Beautiful)，无疑是说明岛屿的自然风光，锡拉岛在中世纪改称桑托林岛（Santorini），桑托林岛也曾被译为圣托里尼岛。锡拉岛位于基克拉泽斯群岛（Cyclades island complex）的最南端，靠近克里特岛，锡拉岛由 3 个小岛组成，其中两个岛有人居住，最大的一个岛也叫锡拉岛。公元前 1627 年，锡拉岛的火山爆发，这也是历史上最严重的一次火山爆发。岛屿中心大面积塌陷，使原来平面近似圆形的锡拉岛改变为今日的月牙状，火山灰覆盖了全岛，在原有的地面上覆盖了最厚达 60m 的白色火山灰，锡拉岛上的史前期村落阿克罗蒂里（Akrotiri）也被掩埋在火山灰下。考古学家把阿克罗蒂里称为“爱琴海的庞贝”，庞贝的灾难是在公元前 79 年发生的，而阿克罗蒂里的灾难比庞贝的遭遇提早了 1548 年，或许若干世纪后，人们会把庞贝称为“古罗马的阿克罗蒂里”。幸运的是阿克罗蒂里的灾难中并没有人员伤亡，因为在阿克罗蒂里遗址发掘中没有发现人类的尸体，据推测：当地人具有丰富的火山爆发知识，因而提前撤出。阿克罗蒂里的灾难虽然是不幸之事，却为人类留下了宝贵的遗产，使我们有幸深入了解史前人类的生活状况。

希腊考古学家斯皮利东•马里那托斯 (Spyridon Marinatos，1901—1974 年) 曾经首先构想在克里特岛考察米诺斯文化，公元 1939 年，他在“古迹”(Antiquity) 杂志上发表文章，提出考察锡拉岛南部的阿克罗蒂里高原地段，试图证实他的观点“锡拉岛的火山爆发导致米诺斯文明的衰落”，第二次世界大战推迟了锡拉岛的考古工作。锡拉岛的考古研究应当追溯到公元 1874 年的法国学者马梅特 (Mamet) 的专题论文“孤岛锡拉”(De insula Thera)，马梅特在他的论文中仔细地绘制了锡拉岛的地图，说明他曾经认真地考察过阿克罗蒂里地区。1895—1904 年，德国考古学家弗里德里希•冯格特林格 (Friedrich Hiller von Gaertringen，1864—1947 年) 也曾在锡拉岛进行过系统考察。经过评价来自各方的论证，1967 年马里那托斯开始在阿克罗蒂里进行发掘工作，发掘工作得到希腊考古学会的赞助和希腊政府的财政支持，1974 年马里那托斯去世，阿克罗蒂里的考古发掘工作短暂停止后，1976 年又重新开始，预计这项工作要持续几个世纪。[21]

阿克罗蒂里已经发掘出的文物说明：阿克罗蒂里遗迹应当属于基克拉迪文化

的中期至后期 (Middle to Late Cycladic Civilization)，文物中有近似“线性文字 A”的内容，古迹中的壁画风格和克诺索斯王宫的壁画风格相似，由于阿克罗蒂里靠近克里特岛，因而阿克罗蒂里史前村的文化更加接近克诺索斯。阿克罗蒂里的史前村落可以追溯至公元前 5000—前 3000 年，当时的古村落已具有相当规模，阿克罗蒂里史前村的经济以农业、渔业和商业为主，由于阿克罗蒂里的地理位置处于希腊大陆和地中海东部之间，有利于商业发展，在火山爆发前，阿克罗蒂里史前村的经济已经持续兴旺了 500 年。至 20 世纪 80 年代，已发掘出阿克罗蒂里史前村的规模超过 10000m^2，预计阿克罗蒂里史前村的占地面积可达 200000m^2，推测当时的居民约有数千人。[22]

已发掘出的阿克罗蒂里史前村遗址有一条约 800m 长的中央街道，街道宽度为 2~4m，街道的方向近似南北向，方向和空间不断有微小变化，街道转折处设有垂直于中央街道的枝路，两条街道交接处局部加宽，形成不规则的、鹅卵石铺面的小广场，甚至是三角形的广场，阿克罗蒂里史前村街道方向和空间的变化以及两侧建筑物的不规则布局令人印象深刻，应当是“因地制宜”的优秀作品。史前村的住宅围绕着一个市场 (Agora) 进行建造，在地势最高处建造要塞式的行政领导机构，地势低处的山坡上建造面向大海的露天剧场，高原平坦地区的东端布置神庙和公共设施，颇有章法。阿克罗蒂里史前村的全部建筑物均选用石灰石建造，石灰石是经济、实用的地方建材，街道下面铺设相当完善的污水排放管道，管道连接着街道两侧的建筑物，排水管为黏土烧制的圆管，史前期的村落有如此完善、全面的规划构思，令人折服。阿克罗蒂里史前村的建筑布局与克里特的克诺索斯王宫完全不同，村落中似乎没有明确的中心，仅以发掘出的部分遗址判断，阿克罗蒂里史前村更像是昔日爱琴海各地贵族的度假村。

阿克罗蒂里史前村的建筑高度也有变化，1 至 3 层不等，甚至还有局部为 4 层的建筑物。建筑物的首层多用于仓储或加工作坊，立面开窗很小，上层为居住用房，开窗较大。每户住宅都要考虑磨粉和织布的设备布置，织布机有时也会布置在上层，仓储空间要考虑布置大口陶罐 (pithoi)，大口陶罐也是古代克里特人常用的储物容器。建筑物的细部处理也有许多巧妙之处，石料砌筑的墙体有时会利用木材横向加固，墙体转角处砌筑大块的方琢石 (ashlar blocks)，既坚固也美观。

㉑ Christos G. Doumas. Thera : Pompeii of the ancient Aegean : excavations at Akrotiri[M]. London : Thames and Hudson,1983: 11−13.

㉒ Christos G. Doumas. Thera : Pompeii of the ancient Aegean : excavations at Akrotiri[M]. London : Thames and Hudson,1983: 45.

阿克罗蒂里史前村发掘出的文物数量相当多，据说 1 个房间的文物可能达数百件，成为考古遗址的一大特点。[23] 考古发掘中最有特色的文物当属壁画，几乎阿克罗蒂里史前村的每个房间都有壁画，虽然壁画的风格近似克里特的壁画风格，但是内容不同，表现方式也有区别，史前村各幢建筑物的壁画风格也不尽相同。阿克罗蒂里史前村西楼（West House）4 号房间的壁画“年轻女祭司”描绘女祭司手捧焚香火盆进行祭祀，服装很有特点。史前村西楼 5 号房间的壁画较多，本书展示其中的 4 幅风俗画：名为“渔夫”的壁画描绘全身赤裸的渔民，双手提着大鱼，充满喜悦；另一幅名为“野猫捕捉野鸭”是长幅壁画的片断，动物的形态生动、逼真；“小船队”和“战士登陆”是两幅风俗画的片断，“小船队”描绘捕鱼船队的旗舰，甚至夸张地让大鱼越过旗舰；“战士登陆”描绘海战后战士登陆情景，左上方背景为田园风光，风俗画使我们看到史前期阿克罗蒂里的生活状况，远比想象的丰富多彩。阿克罗蒂里史前村 2 号楼 1 号房间有两幅名画，“少年拳击”与“羚羊”。“少年拳击”(Boxing children) 形象生动，“羚羊”(Antelopes) 画面以黑色线条勾勒轮廓，线条流畅，暗红色的背景犹如抽象图案，很难想象这两幅壁画是 3600 年前的作品。史前村 2 号楼 6 号房间的壁画“石景中的蓝色猴”布置在房间内的转角处，8 只蓝色的猴腾空跳跃，壁画上方与屋顶交接处还有图案衬托。阿克罗蒂里史前村三角广场东侧 4 号综合楼 (Building Complex Delta)2 号房间的壁画名为“春天”(Spring Fresco)，壁画是连接 3 面墙的装饰性风景壁画，展示锡拉岛春天的优美风光，高低起伏的岩石与红色的百合花、黄色的茎、空中的飞鸟互相呼应，别具一格，有些像中国的工笔花鸟水墨画。阿克罗蒂里史前村的女士楼 (House of the Ladies)3 层 1 号房间内的两幅女士壁画与众不同，轮廓清晰，发式新颖，服装浪漫，与克里特的女装不相上下。[24] 上述壁画的大部分均在雅典国家考古博物馆珍藏。

阿克罗蒂里史前村内还发掘出许多生活用品，生活用品的造型与用品上的绘画均有相当高的艺术水平，陶土制品上的绘画内容多为当地常见的动植物，形象生动，有一具水禽造型的水罐更是令人赞赏，仰首水禽姿态高傲，夸张地显示其乳房，这些文物均在雅典国家考古博物馆珍藏。虽然史前期的人已经普遍使用木制家具，但是阿克罗蒂里史前村并未发掘出木制品用具，因为火山爆发时炙热的火山灰已将木制品燃烧殆尽，考古学家巧妙地利用火山灰中的空壳浇铸出一具独特的、石膏浇铸的三腿桌，使我们今日有幸领略史前阿克罗蒂里木家具的工艺水准。

㉓ Christos G. Doumas. Thera : Pompeii of the ancient Aegean : excavations at Akrotiri[M]. London : Thames and Hudson,1983: 31.

㉔ 阿克罗蒂里史前村总平面原稿各幢建筑物的编号按希腊字母的顺序，为了方便国内读者，本书改为按阿拉伯字母编号，例如 alpha 改为 1、beta 改为 2、gamma 改为 3、delta 改为 4 等。少量建筑物的名称按照室内壁画命名，西楼因在西侧而命名，并无一定规律。

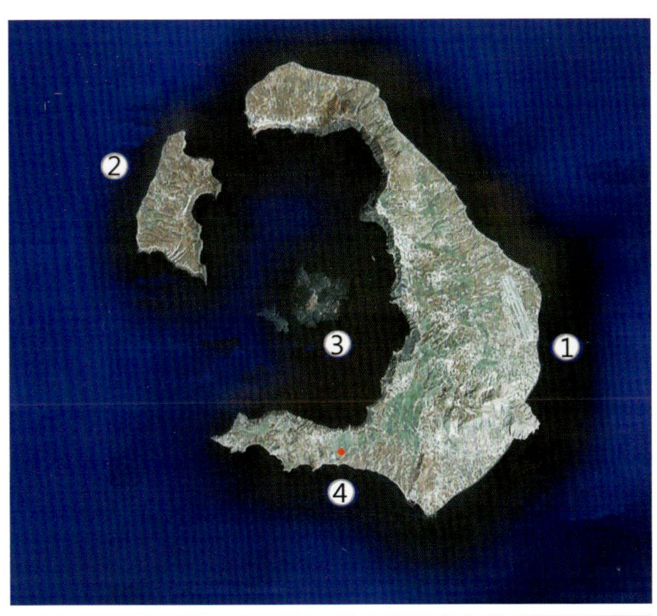

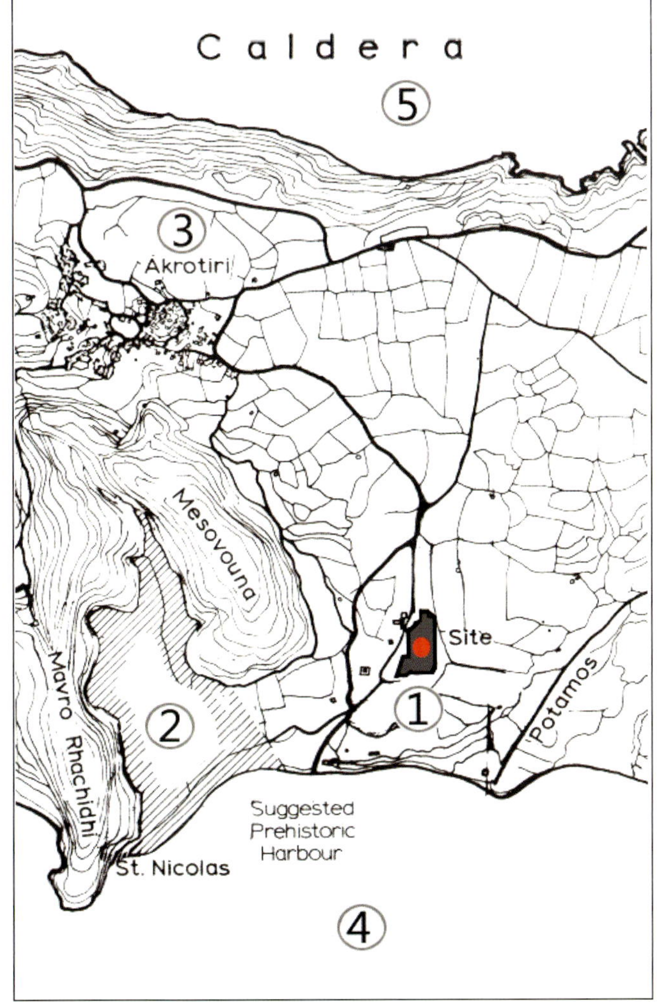

3-1-1

3-1-2

3-1-1 锡拉岛总平面示意

1- 锡拉岛；2- 锡拉夏岛；3- 卡美尼火山岛；4- 阿克罗蒂里史前村

3-1-2 阿克罗蒂里史前村的位置

1- 阿克罗蒂里史前村；2- 史前拟建的港口区；3- 今日阿克罗蒂里市区；4- 爱琴海；5- 锡拉岛与火山口之间的水域

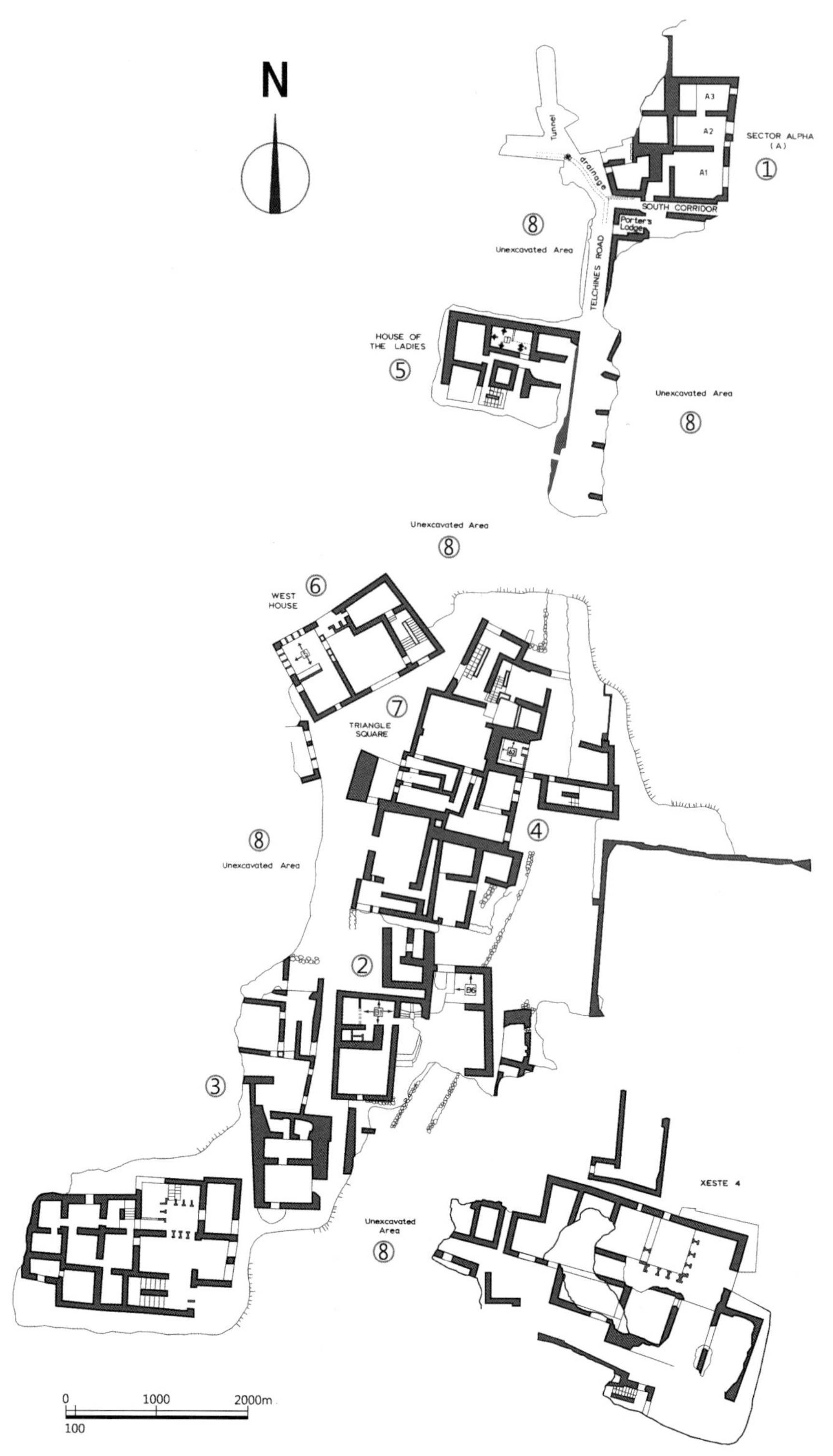

3-1-3 阿克罗蒂里史前村遗址总平面

1-1 号楼；2-2 号楼；3-3 号楼；4-4 号楼；5- 女士楼；6- 西楼；7- 三角广场；
8- 尚未发掘的地段（本图空白地区均为未开发地段）

3-1-5 3-1-4
3-1-6 3-1-7

3-1-4 阿克罗蒂里史前村西楼
A- 底层平面；B- 二层平面

3-1-5 从南向北望阿克罗蒂里史前村三角形广场

3-1-6 阿克罗蒂里史前村西楼入口上设高窗为楼梯采光

3-1-7 阿克罗蒂里史前村文物保护现场

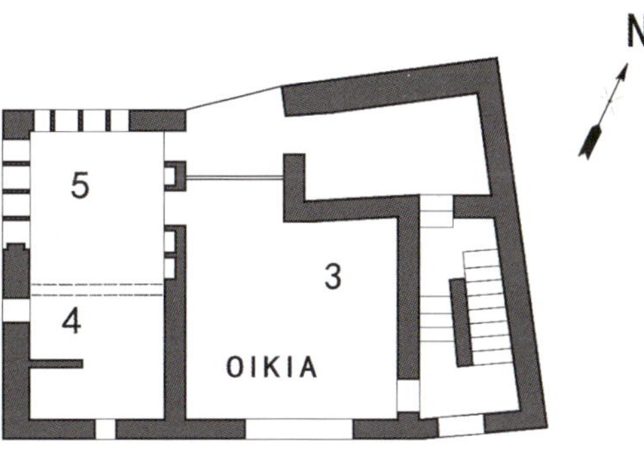

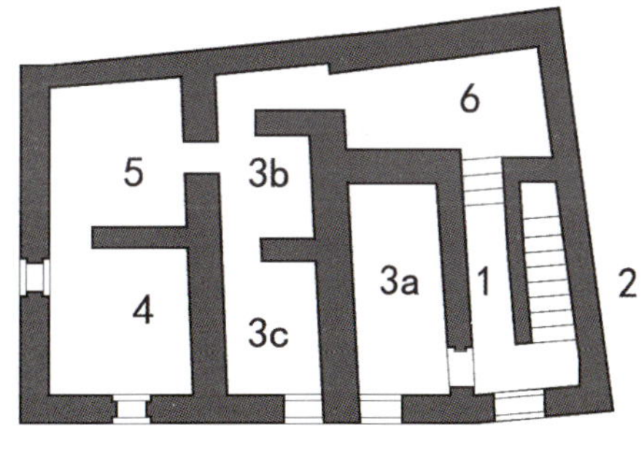

3-1-8 3-1-9 3-1-10

3-1-8 阿克罗蒂里史前村仓储空间布置大口陶罐

3-1-9 阿克罗蒂里史前村西楼 4 号房间的壁画片断

3-1-10 阿克罗蒂里史前村西楼壁画“手捧焚香火盆的女祭司”

3-1-11　3-1-12

3-1-13

3-1-11　阿克罗蒂里史前村西楼的壁画“渔夫”

3-1-12　阿克罗蒂里史前村西楼长幅壁画片断“野猫捕捉野鸭”

3-1-13　阿克罗蒂里史前村西楼的壁画片断“小船队的旗舰”

3-1-14

3-1-15

3-1-14 阿克罗蒂里史前村西楼的壁画，描绘河边海战后战士登陆情景

3-1-15 阿克罗蒂里史前村建筑群 2 号楼两幅壁画“少年拳击与羚羊”

3-1-16

3-1-17 3-1-18

3-1-16 阿克罗蒂里史前村建筑群2号楼壁画“羚羊”片断

3-1-17 阿克罗蒂里史前村建筑群2号楼连接两个墙面的壁画“石景中的8只蓝色猴”

3-1-18 阿克罗蒂里史前村建筑群2号楼壁画“石景中的8只蓝色猴”细部

3-1-19

3-1-20

3-1-19 阿克罗蒂里史前村三角广场东侧 4 号楼内的壁画“春天”

3-1-20 阿克罗蒂里史前村三角广场东侧4号楼内的壁画“春天”的细部显示“飞燕与百合花”

3-1-23 3-1-22
3-1-21

3-1-21 阿克罗蒂里史前村女士楼的壁画之一

3-1-22 阿克罗蒂里史前村女士楼的壁画之二

3-1-23 阿克罗蒂里史前村出土的石质研钵

3-1-24 3-1-26
3-1-25
3-1-27 3-1-28

3-1-24 阿克罗蒂里史前村出土的陶瓷狮头角杯

3-1-25 阿克罗蒂里史前村出土的彩绘海豚陶罐

3-1-26 阿克罗蒂里史前村的波浪纹三角供桌

3-1-27 阿克罗蒂里史前村出土的彩绘飞燕陶罐

3-1-28 阿克罗蒂里史前村出土的圆锥形陶土杯以多种花草装饰

3-1-30 3-1-29

3-1-29 阿克罗蒂里史前村出土的水禽造型水罐，水禽姿态高傲，夸张地显示乳房

3-1-30 阿克罗蒂里史前村出土的木制三腿桌造型，石膏浇铸的复制品

3.2 桑托林岛：风格独特的基克拉迪建筑

Santorini: Unique Cycladic Architecture

古代的锡拉岛今日称桑托林岛，距南侧的克里特岛仅 110 km，桑托林岛由 3 部分组成，岛屿的主体也称桑托林，西侧的小岛称锡拉夏岛 (Thirasia)，中间是沉睡的火山岛，也称卡美尼岛 (Nea Kameni) ，岛屿总面积约为 73km^2，2011 年统计的总人口为 15550 人。桑托林岛的首府是费拉市 (Firá)，位于岛屿主体的西岸，桑托林岛的北端有一个名为伊亚 (Oia) 的小镇，伊亚小镇是度假胜地。

费拉市距离火山最近，从费拉的 260m 高的悬崖顶端可遥望火山岛全景。费拉的建筑依山而建，层层跌落，每一间房屋的窗户都不会被前面的房屋遮挡，从室内可以看到最美丽的海景、夕阳、甚至沉睡的火山。费拉的道路和小巷纵横交错，蜿蜒曲折，步移景异，犹如童话世界。费拉市的商业街虽然不长，内容也很丰富。费拉的原有建筑物均利用当地的火山熔岩建造，还有很多在崖壁上开挖的岩洞，新建的建筑物虽然增加了色彩丰富的外装修，但是仍然很重视继承传统，不仅局部保留了原有建筑物的熔岩质感，也重视运用“符号”表达对传统的怀念，他们独特的符号便是当地的火山“熔岩”。

伊亚小镇距费拉市仅 11km，伊亚有“艺术家的村落”之称，名不虚传，在伊亚不仅可以看到造型优美的别墅，而且可以看到前卫派的“景观雕塑”，“景观雕塑”是本书作者杜撰的名词，所谓的“景观雕塑”是指艺术家们巧妙地利用围墙、台阶、花坛和铺地作为雕塑的素材，塑造出令人赞叹的前卫艺术。伊亚和费拉的建筑色彩也很有章法，在白色的基础上适当增加了红、黄、蓝、黑与灰色，形成独具特色的基克拉迪建筑风格。基克拉迪群岛的抽象艺术闻名于世，从阿克罗蒂里史前村不规则的建筑布局可初步领略，虽然史前期的建筑物未能充分显示出抽象艺术特征，反而是在现代建筑创作中得到了发挥。

伊亚高处的蓝顶教堂和风车磨坊 (windmill) 是重要的旅游景点，伊亚还是看爱琴海日落最佳的地方，因为从伊亚看到日落的时间比费拉长，但是，建筑师还是应当仔细欣赏那些当代艺术家们在费拉和伊亚的艺术创作、“景观雕塑”与建筑物密切结合的艺术作品。

3-2-1　今日桑托林岛的地图

3-2-2

3-2-3

3-2-2 从西北侧俯视费拉市容

3-2-3 伊亚局部市容，上部左侧为风车磨坊

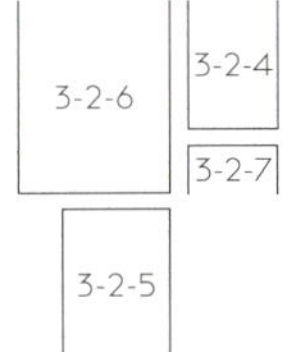

3-2-4 利用火山熔岩建造的洞穴今日仍在使用

3-2-5 新建筑与火山熔岩建造的老房了有机组合

3-2-6 大多数建筑物的外观都保留一些火山熔岩作为“符号”

3-2-7 俯视伊亚的蓝顶教堂

3-2-8

3-2-9

3-2-8 费拉的蓝顶教堂在轮廓线上很醒目

3-2-9 红、黄、蓝色彩组合的店铺入口

3-2-10　以红色曲线矮墙为中心的“景观雕塑”

3-2-11 白色建筑群与垂直绿化带间隔布局，建筑群中穿插灰色平台与室外楼梯

3-2-12

3-2-13

3-2-12 在白色的矮墙上点缀黑色熔岩犹如抽象的水墨画

3-2-13 黑、白、灰组合的近景与远处的山水形成完美的构图

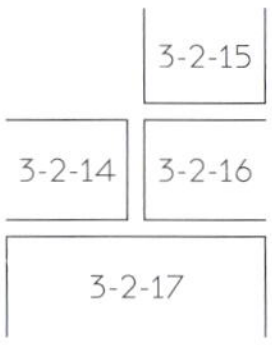

3-2-15
3-2-14 3-2-16
3-2-17

3-2-14 灰色与白色组合的山路成为构图中心

3-2-15 灰色的山路穿插在建筑群中，白色的嵌边提醒人们注意脚下的踏步

3-2-16 伊亚的白色小教堂

3-2-17 熔岩砌筑的山路与绿化穿插在居住区中

3-2-18	3-2-19
3-2-20	

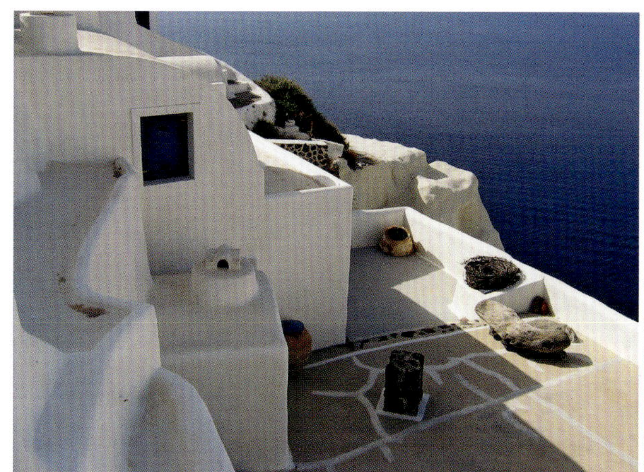

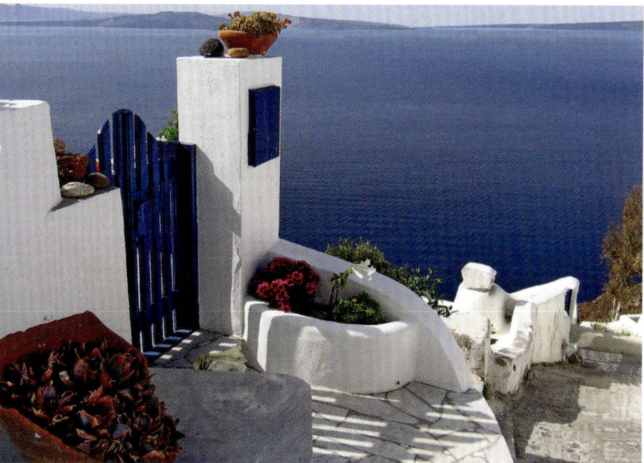

3-2-18 枯山水式的小平台与蓝色的大海

3-2-19 住宅入口前的绿色小品

3-2-20 白墙、绿化与山水结合，既有气势也有景观

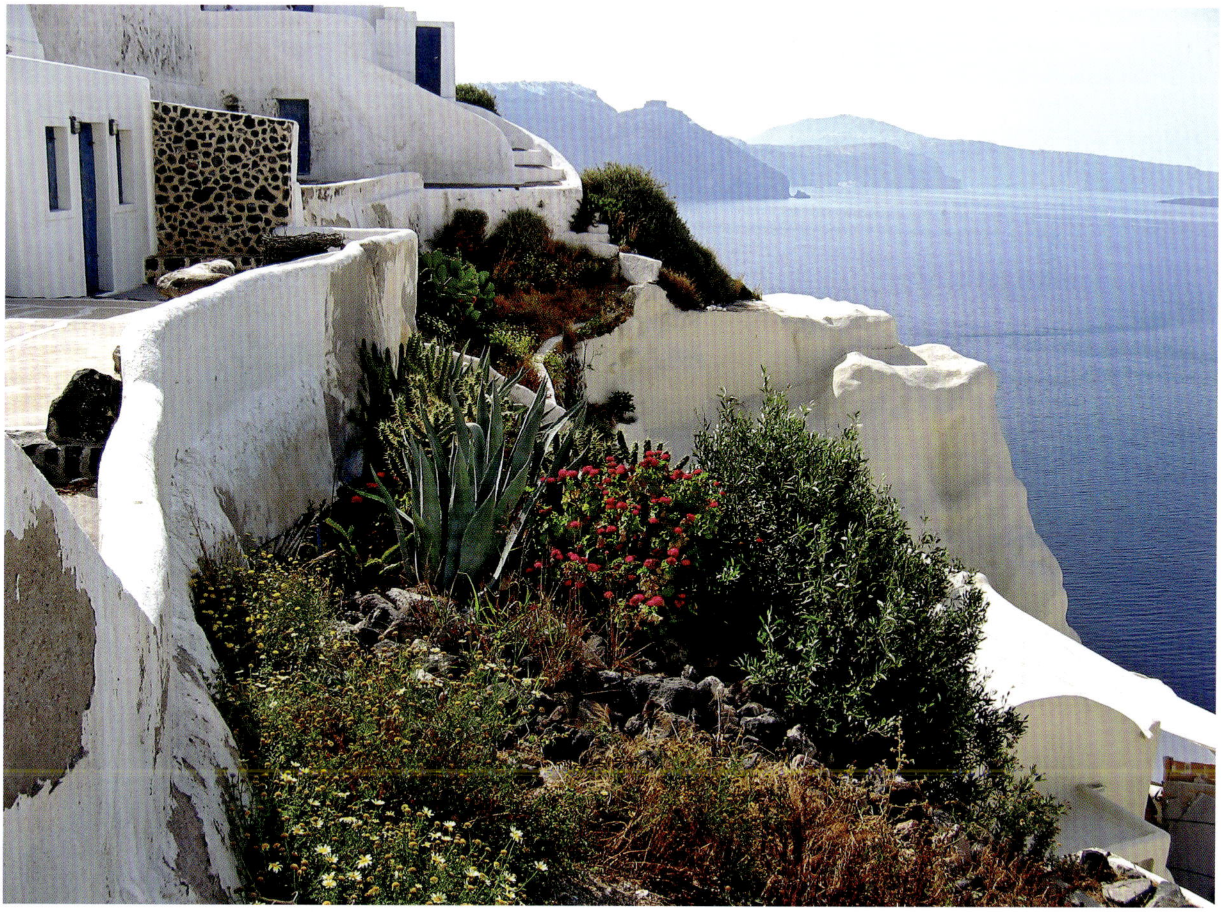

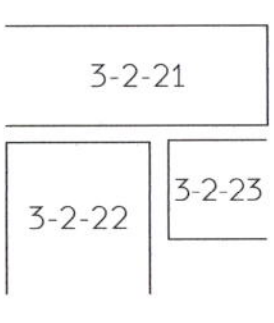

3-2-21
3-2-22
3-2-23

3-2-21 阶梯式布局的住宅与优美的自然环境结合

3-2-22 费拉的大教堂

3-2-23 费拉大教堂屋顶上的雕塑人

3-2-26

3-2-24 3-2-25

3-2-24 费拉的银行

3-2-25 费拉商业街店铺前的绿化

3-2-26 费拉商业街夜景

3-2-28 3-2-27 3-2-30 3-2-29

3-2-27 费拉地方风味烤肉店以熔岩砌筑门面

3-2-28 从费拉居住区望火山岛

3-2-29 从费拉商业区望火山岛

3-2-30 从费拉居住区下山的“驴道”

3-2-31	3-2-32
3-2-33	3-2-34
3-2-35	3-2-36

3-2-31 费拉港口边上的小餐厅

3-2-32 费拉港口边上的红崖

3-2-33 从火山岛的熔岩前回望费拉

3-2-34 从火山岛远望桑托林主岛

3-2-35 火山岛上观光的游客

3-2-36 火山岛上形状奇特的熔岩

3-2-37

3-2-38

3-2-39

3-2-37 火山岛旁的水域

3-2-38 沉睡的火山口

3-2-39 在伊亚观日落

4 迈锡尼文明与迈锡尼城堡
The Civilization of Mycenae and the Citadel of Mycenae

迈锡尼人和克里特人不是同一民族，迈锡尼人的语言属印欧语系，公元前2000年前后，迈锡尼人从欧洲内陆进入希腊，定居于伯罗奔尼撒半岛。此时克里特已建立米诺斯文明，希腊本土的迈锡尼人则相对落后，虽已进入青铜器时代，犹未建立国家，他们是在克里特直接影响下逐渐向文明过渡。迈锡尼文明确立的标志是公元前1600年由迈锡尼的武士阶级 (class of warriors) 建立了自己的王国，迈锡尼王国的顶峰时期是公元前14—前13世纪，他们的疆域包括梯林斯 (Tiryns)、皮洛斯 (Pylos) 和皮奥夏 (Boeotia) 的底比斯 (Thebes)，迈锡尼的文明也辐射到小亚细亚。特洛伊战争之后，由于迈锡尼内部的社会动乱，导致迈锡尼王国的逐渐衰亡。在荷马史诗中首先谈到迈锡尼的神话，公元前8世纪的迈锡尼神话传说认为：珀尔修斯 (Perseus) 是迈锡尼第一代王朝的族长 (genarch)，珀尔修斯是众神之首宙斯的儿子，迈锡尼的名字也是珀尔修斯确立的。关于珀尔修斯的神话传说之一是他砍杀了戈耳工 • 美杜莎 (Gorgon Medusa)，美杜莎是希腊神话中最可怕的女妖，被称作复仇女神。迈锡尼城堡的水源也被称为“珀尔修斯”，水源是城堡的生命线，城堡的水源来自泉水，至今仍在流淌。[25]

㉕ Elsie Spathari. Mycenae: A guide history and archaeology[M]. Athens: HESPEROS Editions,2001:10−11 .

4.1 迈锡尼文明

The Civilization of Mycenae

迈锡尼文明时期的主要文物发现于迈锡尼城堡内外的两座墓葬区，墓葬区内有众多王族墓葬，内藏丰富的金银陪葬品，仅其中的一个墓穴即有 870 件之多，陪葬品工艺水平很高，大多数为克里特产品，也有来自埃及和小亚细亚等地的产品。与海外先进文明地区的密切交往，使迈锡尼的经济与文化迅速发展，国力加强，迈锡尼王国的顶峰时期从尾随于克里特之后转为与克里特抗衡。迈锡尼人早期建造的竖穴坟墓 (shaft graves) 只在地下构筑简单的墓室，后期建造的圆顶墓室是在地面凿岩或砌石筑成，前有墓道，上覆高冢，室内以叠涩法砌成圆锥状屋顶，形如蜂巢，故又称蜂巢墓。迈锡尼圆顶陵墓需要较高的石砌技术，它的形制虽源自克里特，但迈锡尼时期的圆顶陵规模宏大。

迈锡尼文明在充分吸收克里特文明的同时，也具有自己的特点，如城堡坚固、陆战力强、善用马拉战车、尚武精神突出等，作为爱琴文明的一个组成部分，有取代克里特文明之势。公元前 1450 年，迈锡尼人通过联姻、继承等和平方式，入主克诺索斯王宫，成为迈锡尼文明发展的重要阶段。迈锡尼统治克里特后，不仅掌握了爱琴海商业贸易的控制权，也全面吸收了克里特文明的遗产，克里特原有的线性文字被用来书写迈锡尼语言，形成了迈锡尼线性文字，学术界通称克里特原有的线性文字为线性文字 A，而迈锡尼的线性文字为线性文字 B。公元前 1200 年，迈锡尼达到文明的鼎盛期，位于伯罗奔尼撒半岛东北部的迈锡尼城堡成为迈锡尼文明的中心，附近的梯林斯城是直属于迈锡尼的一个军事要塞，共同构成迈锡尼王国，在古希腊诸国中是最强大的王国之一。考古发现的迈锡尼城堡遗址是国王居住的城堡，昔日在迈锡尼城堡下的平川地带有广阔的市区，富商大贾和百业工匠居住其间，繁荣富庶的程度不亚于昔日克里特的克诺索斯。在海外贸易方面，迈锡尼较克里特也有过之无不及，埃及、叙利亚以及意大利南部等地都有迈锡尼陶器出土，数量超过曾经发现的克里特陶器数量，迈锡尼文明的分布地区也较克里特文明广泛。

迈锡尼的线形文字 B 在公元 1952 年已被成功破译，证明迈锡尼语言是古希腊语的一支。现存线形文字 B 的材料绝大多数都是王室经济文件，提供了经济方面的珍贵信息，对政治历史揭示不多。相关材料充分说明迈锡尼社会是奴隶制社会，线形文字 B 中已有男奴、女奴之词，其读音与日后希腊语中奴隶一词相近。从已知材料反映出的情况，可知当时奴隶数目惊人之多。此外，材料中还反映了贵族占地多、农民占地很少的情况，说明古代迈锡尼社会和古代克里特社会一样，近似于东方的奴隶制王国。

迈锡尼的宗教信仰最初分别吸取了古代克里特与东地中海（Eastern Mediterranean）人民的部分信仰观念，例如信仰圣母 (Mother of God) 或母亲女神 (Mother Goddess)，不久便形成自己的信仰“迈锡尼众神”(pantheon)，包括宙斯 (Zeus)、赫拉 (Hera)、波赛顿 (Poseidon) 等神祇。在迈锡尼的众神中，一位女神是统治者，这位女神被认为是自然界的统治者，创造出大地的母神（Mother Earth）。[26]祭司是古代迈锡尼社会中的最高阶层，他们占有土地和奴隶，祭司常被描绘为身穿带饰边的豪华外衣甚至是兽皮的外衣，四周围绕着各种象征标志。宫殿是祭拜礼仪的中心，祭拜礼仪包括大型节日庆祝、列队游行、体育活动、男女们在空地上围绕“神树”(sacred tree) 进行跳舞以及举办宴会等。向神祇奉献的物品多为黄金容器、昂贵的织物、羊毛制品、香味的油和献祭的动物。[27]

虽然迈锡尼时期保留下的建筑遗迹不多，线性文字 B 的破译有助人们对迈锡尼历史的确切认知，事实说明：古代迈锡尼的社会概况与宗教信仰与古代克里特在诸多方面都很近似，可以在保护较好的克诺索斯王宫遗址和出土文物中得到印证，同时也使我们对克诺索斯王宫的理解提高了一步。迈锡尼时代陪葬品中有一幅显示宫殿造型的黄金祭物，使我们能比较准确地了解当时建筑学的水平。黄金宫殿 3 开间，中间有天窗，似乎是平屋顶，各层屋顶上均有“牛角符号”，顶层的牛角还是大、小两个牛角套在一起，显示对牛角的重视，首层两端各有一只飞鸟，神气活现。

古代迈锡尼文明继承了古代克里特对死后的认知，重视丧葬，贵族死后都要盖上一具黄金面具。在迈锡尼考古博物馆中有一具“阿伽门农的丧葬面具”（Death Mask of Agamemnon）高 32cm，一位有胡须的、成熟、威武的男人丧葬面具，是古代迈锡尼最著名的丧葬面具，德国考古学家海因里希 • 施里曼 (Heinrich Schliemann，1822—1890 年）坚决认为它是希腊神话特洛伊战争中希腊军队统帅的丧葬面具。[28]同时发现的还有 5 具均有破坏的丧葬面具，本书选择了两具没有胡须、性格突出的丧葬面具，一具是闭目养神并雕刻出睫毛的统治者，另一具则是二目圆睁、目视前方的统治者。迈锡尼时期的丧葬面具与埃及法老的丧葬面具不同，埃及法老的丧葬面具特意美化了死者，并非死者的真实面貌，而迈锡尼的丧葬面具不仅写实，似乎还特意刻化出死者的个性。

㉖ Lord William Taylour. The Mycenaeans[M]. London : Thames and Hudson, 1964:62–63.

㉗ 摘自雅典国家考古博物馆的展板介绍。

㉘ 德国考古学家海因里希 · 施里曼的成就举世瞩目，它证实了曾被认为是文学虚构的荷马史诗中的特洛伊战争和迈锡尼古国的真实存在，揭开了研究希腊远古历史的新篇章，为荷马考古奠定基础。

迈锡尼时代统治者陪葬品中黄金制作的带状头饰 (Gold Diadem) 工艺精细，象征王权，雅典国家考古博物馆展出的一具带状头饰高 66cm，制作于公元前 16 世纪，出土于迈锡尼的圆形墓葬区 A(Grave Circle A)。陪葬品中黄金打造的胸甲 (Gold Funerary breastplates) 同样精细，雅典国家考古博物馆展出的一具黄金胸甲高 36.8cm，出土于迈锡尼的 5 号竖井墓 (Shaft Grave V)。

迈锡尼时代陪葬品中有把柄的黄金杯 (handled golden cup) 巧夺天工，金杯上的图案均源自当时的神话故事，雅典国家考古博物馆珍藏的金杯上的图案刻画的是以公牛为主题的克里特的故事（Cretan theme of the bull），直径为 11.4cm，出土于瓦斐奥的圆形坟墓 (Vapheio tholos tomb)。公元前 16 世纪，以黄金厚板制作的狮头角状杯 (rhyton)，形态生动，另有一具牛头形状的葬礼仪式祭酒的角状杯，高 15.5cm，以青铜、银和黄金组合而成，是克里特工匠的作品。水晶石制作成鸭子形状的容器作为陪葬品在迈锡尼时代是罕见的工艺品，在雅典国家考古博物馆中也有一具展出。黄金首饰是迈锡尼时代量最大的陪葬品，雅典国家考古博物馆还专门画了一张人像，展示各种首饰应当佩戴的部位。

陪葬品中的青铜短剑（Bronze Dagger）是迈锡尼时代文物中最精彩的内容之一，不仅短箭配有黄金把柄，而且还在箭身上嵌有黄金饰物。在雅典国家考古博物馆展示的青铜短剑中，本书精选了两例，制作于公元前 1550- 前 1500 年，出土于圆形墓葬区 A，一把短箭上嵌有捕猎狮子的场景，另一把短箭上镶嵌的黄金饰物描绘野猫在纸莎草花中追捕飞鸟，展现古埃及尼罗河上的景观，工艺之精细令人赞叹。此外，雅典国家考古博物馆展出的武士头盔保护罩也令人耳目一新，保护罩用野猪獠牙制作，顶上还有两个野猪头骨制作的弯钩。

迈锡尼时代有一种作为陪葬品的泥塑人形 (clay figurines)，出土的泥塑人形数量很大，多为站立的女性，常常发现在儿童的墓葬内，有些考古学者认为这些泥人是神圣护士 (divine nurses)，保护孩子人生最后的旅程，也有人认为泥塑人形仅仅是玩具。在圣所中发现的泥塑人形一般具有更深层的宗教意义，特别是那些有特殊个性的泥塑。迈锡尼博物馆展出的一具彩绘女性泥塑人形，双手托着自己的乳房，显示出母爱，泥塑高 33cm，制作于公元前 13 世纪。另有两具男性泥塑，一位昂首闭目，手抚前胸，神态高傲；另一位拱手祭拜，二目圆睁，身着长袍，应当是一位长者，这二具泥塑均有特殊个性，含义有待进一步考证。

迈锡尼时代的印章与图章戒指均很有水准，本书各选一例，一个是鸡血石的印章，图案是一只雄狮，另一具是黄金打造的图章戒指，是现存最大的一枚黄金戒指，图案描绘女神登基仪式。描绘女神登基仪式的黄金戒指图章刻画非常精细，狮首人形的守护们手捧祭奠用的酒壶走向女神，女神身着长袍，单手礼仪性地举起酒杯，女神的后面是象征权力的鹰，登基仪式上方显示太阳和月亮，背景似乎显示农业丰收。

4-1-1 阿伽门农的丧葬面具

4-1-2 闭目养神并雕刻出睫毛的丧葬面具

4-1-3 二目圆瞪目视前方的丧葬面具

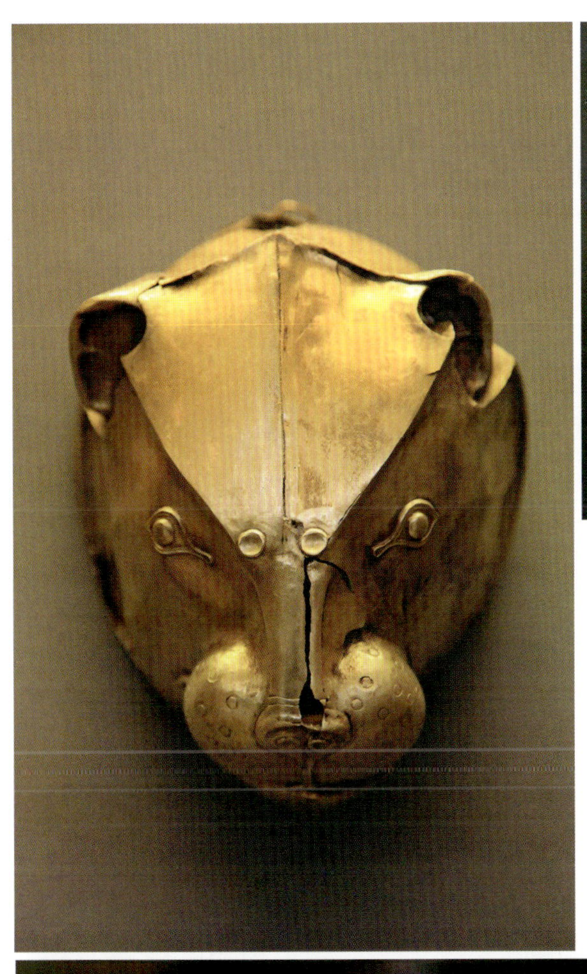

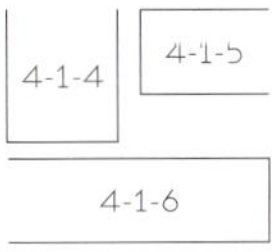

4-1-4 黄金厚板制作的狮头角状环

4-1-5 黄金厚板制作的胸甲

4-1-6 二黄金打造的金杯，图案刻画的是以公牛为主题的克里特的故事

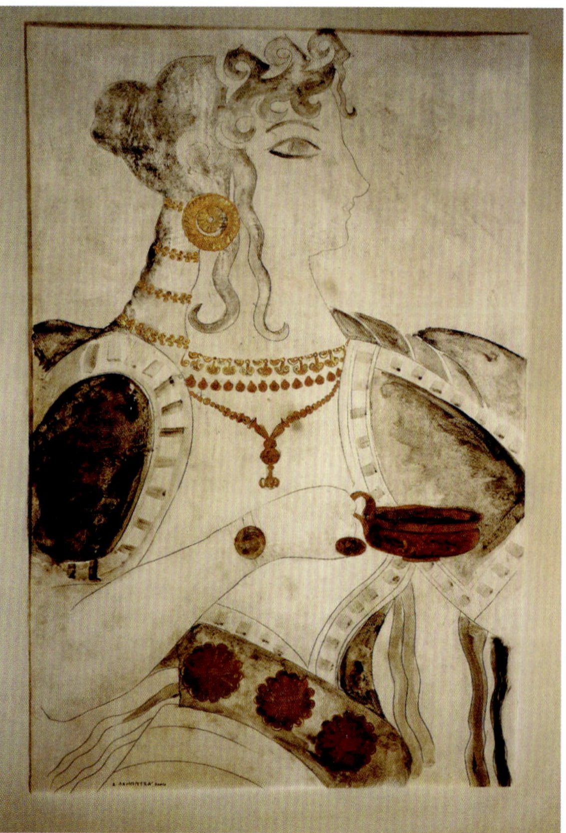

4-1-7	4-1-8
4-1-9	

4-1-7 仪式祭酒的容器，以青铜、银和黄金组合而成

4-1-8 各种黄金首饰在人体上佩戴的位置

4-1-9 黄金首饰是迈锡尼时代最大量的陪葬品

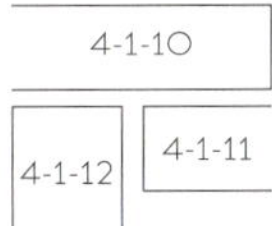

4-1-10 青铜短箭配有黄金把柄

4-1-11 青铜短箭的黄金箭柄

4-1-12 野猪獠牙制作的头盔

4-1-13
4-1-14

4-1-13 迈锡尼时代贵族使用的青铜制作的生活用具

4-1-14 迈锡尼时代陪葬中的泥塑人形

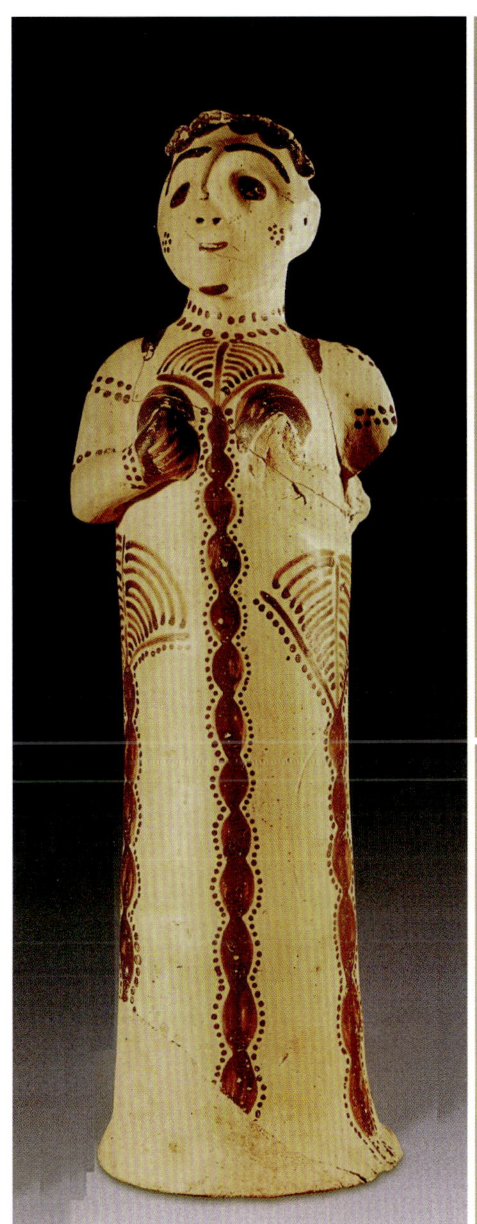

4-1-15 4-1-16 4-1-17

4-1-15 彩绘女性泥塑双手托着自己的乳房

4-1-16 昂首闭目，首扶前胸，神态高傲的男性泥塑

4-1-17 身着长袍长拱手祭拜的男性泥塑

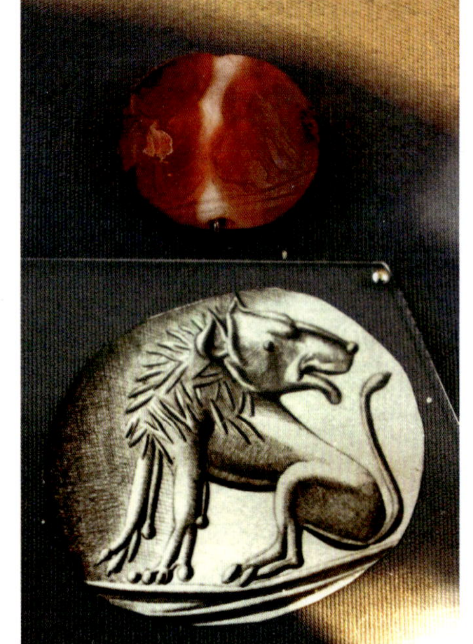

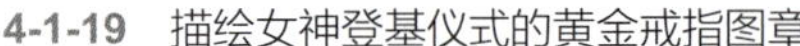

4-1-18

4-1-19

4-1-18 鸡血石的印章，图案是一只雄狮

4-1-19 描绘女神登基仪式的黄金戒指图章

4.2 迈锡尼城堡

The Citadel of Mycenae

迈锡尼古城遗址是公元前 13 世纪青铜器时代迈锡尼国王居住的城堡，迈锡尼城堡建在一座海拔 280m 的石头山顶上，城堡平面近似三角形，城堡占地面积约 30000m^2，城墙用大块石灰石砌筑，高 8m，平均厚度达 5m，被称为巨石风格（Cyclopean style）。城堡内功能分区明确，城堡中心区是王宫，东区是工匠居住和工作的地方，西北区是另一处居住区，西南区是墓葬区，迈锡尼城堡与克诺索斯王宫外围全无城墙防御设施的布局迥然有别。

根据考古学者的研究，迈锡尼城堡始建于希腊青铜器时代初期 (Early Helladic time)，迈锡尼城堡的演变可分为 3 期，初期的城堡全部建在山顶上，规模较小，城堡平面东西向很长，南北向很窄，只有东西两个城门，圆形墓葬区 A 建在城外。迈锡尼城堡第 2 期开始向南扩展，建造了狮子门（Lion Gate）、王宫和通向王宫的大坡道，圆形墓葬区 A 被围在城堡内。迈锡尼城堡的第 3 期扩建重点解决了水源问题，在城堡的东北方向建造了地下蓄水池，这是迈锡尼人的战略决策。[29] 迈锡尼城堡遗址仍在继续发掘，我们今日看到的是正在修复的第三期扩建后的城堡。1999 年迈锡尼与梯林斯考古遗址 (Archaeological Sites of Mycenae and Tiryns) 同时被评为世界遗产。

第三期扩建后的迈锡尼城堡在东、西和北面均有出入口，主入口设在西北角，主入口的“狮子门”最为突出，狮子门前还有一处长 15m、宽 7.23m 的狭窄空间，这是一处进入狮子门的过渡空间，过渡空间的三面由规整的石块 (ashlar) 砌筑，据说这个狭窄空间是为了限制人流，遇到敌人进攻时尤为有效。迈锡尼城堡的狮子门由 4 块独石构成门框，两侧是门柱，上方是过梁或称门楣，下面是门槛。过梁上有一块近似三角形的巨石，巨石正面镌刻着两头雄狮，因此得名，两头雄狮左右对称，似乎是受东方文化的影响。“狮子门”是人类首次在入口上方运用纪念性浮雕，雕刻精美，雄狮浮雕为古城入口创造出一种威武肃穆、坚不可摧的气势。狮子门的洞口接近正方形，门洞高 3.1m，门洞的前侧宽 2.9m，门洞的后侧宽 3.1m，门洞

㉙ 迈锡尼城堡演变的 3 张分析图引自：George E. Mylonas. Mycenae and the Mycenaean Age[M]. Princeton: Princeton University Press, 1966:26−31.

上端略窄一些，在靠近过梁处的宽度为2.78m。狮子门的独石过梁长4.5m、宽2.1m、高1m，重约18t。狮子门的门槛长4.6m、宽2.4m、高0.85m，重约20t，门槛并没有直接放在基石上，门槛与基石之间保留一层沙土垫层。据说在狮子门的门洞处有两道木门，独石门柱内侧预留插入门栓的孔洞，从门栓孔洞的位置可以推测木制门板很厚，昔日具有相当的防御能力。门洞两侧块石砌筑的石墙在过梁上以叠涩出挑的方式交汇，形成三角形的空间，过梁上的三角形空间内砌筑镌刻着两头雄狮的三角形巨石，三角形巨石高3.1m、底边宽3.6m、厚0.7m，在两个雄狮之间镌刻着一个立柱，立柱下面支在基座上，立柱上方支撑着檐部，展示出古希腊最早的"柱式"。学术界关于狮子门雕刻的含义有不同解释，由于狮子的头部已经被破坏，有人认为并非雄狮，也可能是母狮或狮身人面兽。公元2世纪，在古希腊地理学家鲍桑尼亚(Pausanias，公元110-180年)的著作《希腊志》(Description of Greece)中提到在拜访迈锡尼的狮子门时，狮子的头部已经损坏，并且提到当时对狮子头部的形象已有争议。学术界对于两个雄狮之间立柱的含义也有不同的见解，有人认为立柱仅有宗教含义，象征神或女神，也有人认为立柱象征权力，象征权力的长久，最近又有一种新的观点，认为立柱仅仅作为王宫的象征，象征双狮把守着王宫的大门、保卫政权。[30]

从迈锡尼城堡狮子门向东望，可以看到由狮子门通向王宫的大坡道，王宫位于迈锡尼城堡的中心，占据迈锡尼城堡内最高的地段，充分显示王权的地位。迈锡尼王宫以庭院为中心，中央庭院东侧是王宫的中央大厅(megaron)，中央庭院南侧设一个大楼梯，迈锡尼王宫的规模并不大，无法和克诺索斯王宫相比，目前能看到的仅仅是少量遗迹和复原想象图。

迈锡尼城堡狮子门内南侧有一处圆形墓葬区A(Grave Circle A)，考古学家认为圆形墓葬区A是迈锡尼王族成员的墓穴，约建于公元前1180年。圆形墓葬区A的直径约27.5m，被竖立的双层砂石和石灰石板围合，墓葬区内有大小不等的6座长方形竖穴墓，最大的坟墓长6.40m、宽4.50m，最小的坟墓长3.50m、宽3m，坟墓埋深1~4m。坟墓顶部用圆木、石板铺盖，大部分已经坍塌。据说6座坟墓中共葬有17具尸体，有男有女，还有两个小孩，同一坟墓中的尸骨彼此靠得很近，尸骨大多被黄金严密覆盖，男人的脸上还罩着黄金面具，身旁放着装饰用的金匣和各种名贵的装饰品，衣服上装饰着刻有蜜蜂、乌贼、玫瑰、螺纹等图案的金箔饰件，圆形墓葬区A发掘出的宝贵文物绝大多数珍藏在雅典国家考古博物馆。

圆形墓葬区A的东南方向有一组建筑，其中一幢建筑物内发现了著名的"武士瓶"，考古学家便将这幢房屋命名为"武士瓶之家"(House of the Warrior

---

㉚ Elsie Spathari. Mycenae: A guide history and archaeology[M]. Athens: HESPEROS Editions,2001：38–40.

Vase)。“武士瓶之家”的东南方向是迈锡尼城堡的祭拜中心 (The Cult Centre)，祭拜中心建造于公元前 13 世纪初期，祭拜中心在公元前 13 世纪后期被破坏。公元前 12 世纪在祭拜中心的地段建造了一批住宅，住宅中也包括主祭司的住宅，直至迈锡尼时期结束，希腊化时期又在附近建造了一些作坊。迈锡尼城堡内东侧建造有多柱厅和商人的住宅，商人住宅内发现过一些陶器和存放香油的容器，根据出土物品，可以认为：迈锡尼城堡内不仅有国王居住，也有贵族和商人居住。

迈锡尼人在城堡选址时很重视水源，迈锡尼城堡的水源为泉水，水源在迈锡尼城堡东侧约 360m 处，水源以迈锡尼第一代族长“珀尔修斯”命名。在迈锡尼城堡外东北角的高地下还建有秘密地下储水池，地下储水池入口建在迈锡尼城堡内，从入口到水池要经过 3 跑陡峭的石台阶，第一跑台阶建在 5m 厚的城墙内，其他两跑台阶和水池均建在城堡墙外，储水池距地面深约 18m。迈锡尼城堡地下储水池是城堡的重要工程，它保证了城堡内居民的基本生活，虽然秘密地下储水池的工程并不浩大，但工程质量优良，至今保护完好。

距迈锡尼城堡不远的阿特雷斯宝库（The Treasury of Atreus）或称阿伽门农陵墓（Tomb of Agamemnon）是迈锡尼时期最大的圆顶陵墓，约建于公元前 1250 年，全部采用高质量的石块砌筑，进入陵墓的墓道宽约 6m、长约 37m，陵墓入口处边墙最高处达 13.7m，圆顶陵墓室内直径为 14.5m、高 13.2m，由 34 层石砌圆环组成，圆环的最终弧度在建造时切割而成，并以一块巨石封顶。[31]

㉛ 阿伽门农 (Agamemnon) 是希腊神话特洛伊战争中希腊军队的统帅，阿特雷斯 (Atreus) 曾经是迈锡尼的国王，因自古以来的资料来源不同，故而名称不同。

4-2-1 迈锡尼城堡复原模型鸟瞰

4-2-2 迈锡尼城堡总平面

1- 狮子门 / 西门；2- 谷仓；3- 圆形墓葬区；4- 希腊风格厅（迈锡尼武士瓶出土处）；5- 祭拜中心；6- 门卫；7- 北区；8- 王宫入口；9- 王宫内院；10- 王宫大楼梯；11- 工匠区；12- 多柱厅和商人的住宅；13- 伽马住房；14- 北仓储；15- 地下储水池；16- 北门

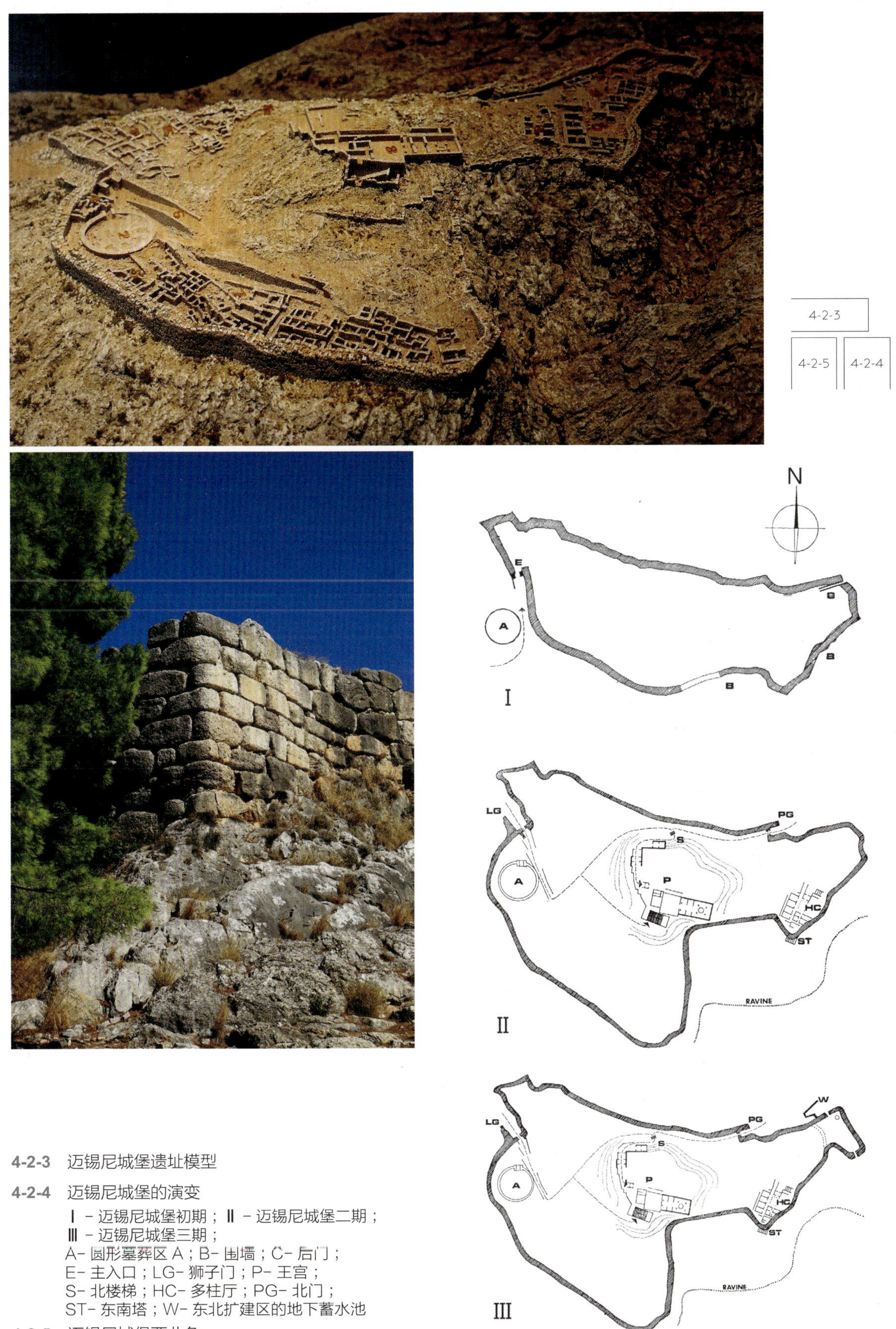

4-2-3 迈锡尼城堡遗址模型

4-2-4 迈锡尼城堡的演变

Ⅰ－迈锡尼城堡初期；Ⅱ－迈锡尼城堡二期；
Ⅲ－迈锡尼城堡三期；
A- 圆形墓葬区 A；B- 围墙；C- 后门；
E- 主入口；LG- 狮子门；P- 王宫；
S- 北楼梯；HC- 多柱厅；PG- 北门；
ST- 东南塔；W- 东北扩建区的地下蓄水池

4-2-5 迈锡尼城堡西北角

4-2-7 4-2-6

4-2-8

4-2-6 迈锡尼城堡以远山为背景

4-2-7 远望迈锡尼城堡狮子门

4-2-8 迈锡尼城堡狮子门与门前两侧石墙形成的前院

4-2-9 迈锡尼城堡狮子门透视

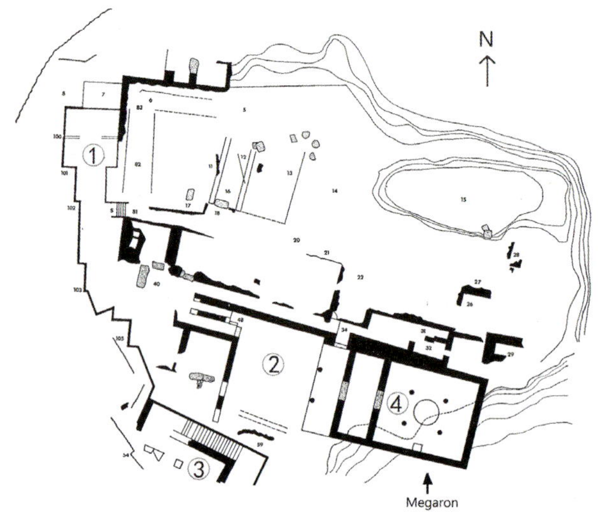

4-2-12	4-2-11
4-2-10	4-2-14
4-2-13	

4-2-10 狮子门预留门栓的洞口

4-2-11 从迈锡尼城堡内望狮子门

4-2-12 俯视迈锡尼城堡狮子门内的通道

4-2-13 迈锡尼城堡王宫平面

1- 王宫入口；2- 中央庭院；3- 王宫大楼梯；
4- 王宫的中央大厅

4-2-14 迈锡尼城堡的王宫遗址现状

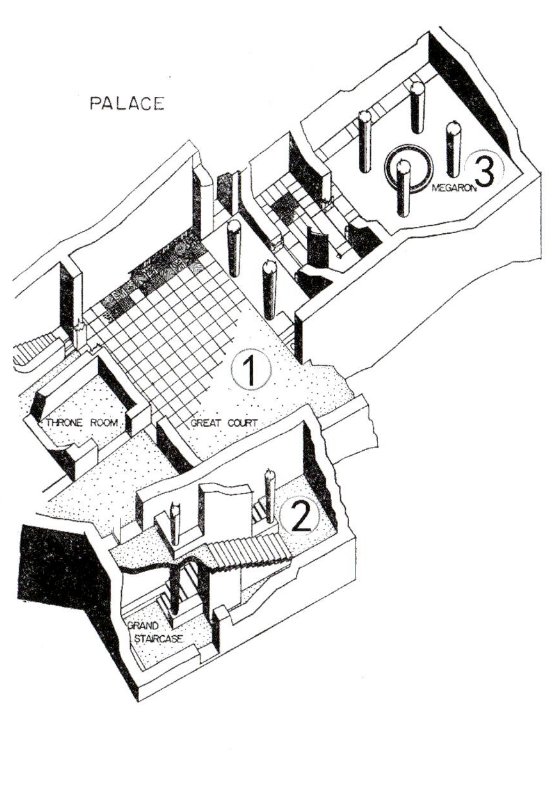

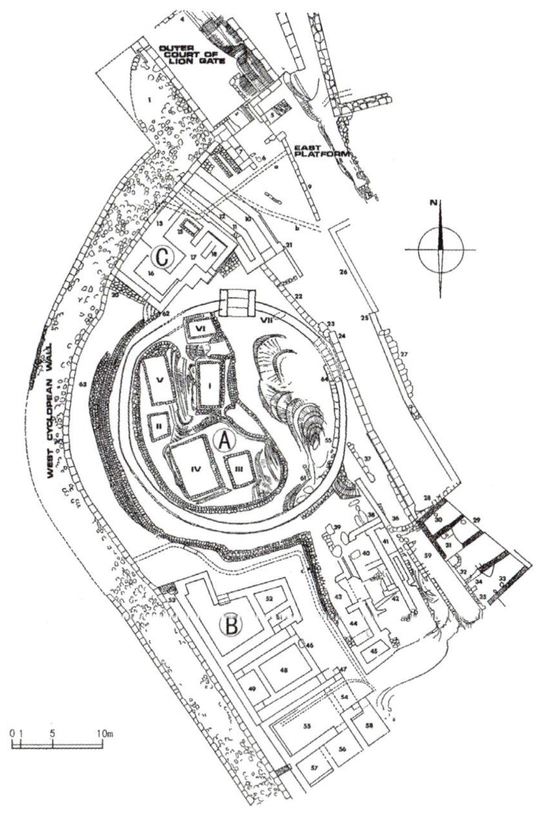

4-2-16	4-2-17
4-2-15	4-2-18

4-2-15 迈锡尼城堡王宫内院复原图

4-2-16 迈锡尼城堡王宫的中央庭院、大楼梯与中央大厅轴侧图
1- 中央庭院；2- 大楼梯；3- 中央大厅

4-2-17 迈锡尼城堡狮子门内圆形墓葬区 A 及其附近建筑
A- 圆形墓葬区 A，B- 武士瓶之家，C- 谷仓

4-2-18 俯视迈锡尼城堡狮子门内圆形墓葬区 A 遗址

4-2-19

4-2-21

4-2-20

4-2-19 俯视迈锡尼城堡狮子门内圆形墓葬区A及狮子门内的大道

4-2-20 俯视通向圆形墓葬区A的通道及围合墓葬区的双层石板

4-2-21 在圆形墓葬区外望墓葬区围墙

4-2-22
4-2-23
4-2-24

4-2-22 俯视狮子门与圆形墓葬区之间的谷仓

4-2-23 迈锡尼城堡的祭拜中心后期建造了一批住宅

4-2-24 迈锡尼城堡的多柱厅遗址

4-2-26	4-2-25
4-2-27	4-2-28

4-2-25 迈锡尼城堡东北角的秘密地下储水池

秘密地下储水池平面(上)与城外最后一跑台阶剖面（下）

1- 城墙；2- 秘密地下储水池入口；3- 秘密地下储水池

4-2-26 迈锡尼城堡秘密地下储水池入口

4-2-27 从迈锡尼城堡地下储水池入口内向外望

4-2-28 迈锡尼城堡地下储水池第一跑台阶转向第二跑台阶

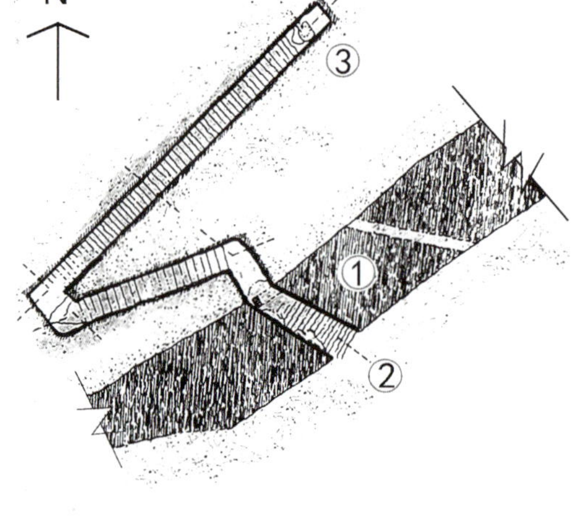

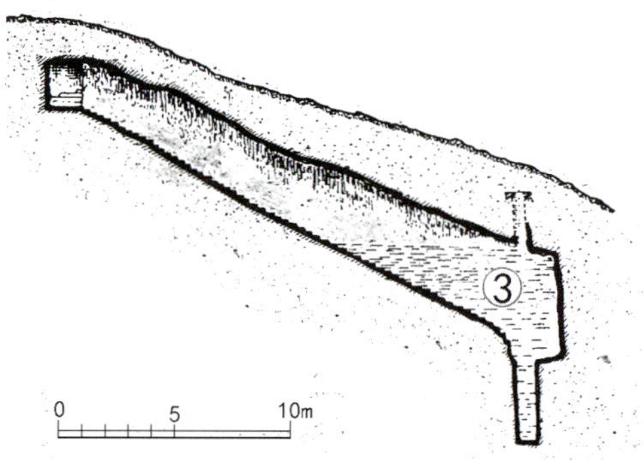

4-2-32

4-2-29 4-2-30

4-2-31

4-2-29 迈锡尼城堡地下储水池第二跑台阶转向第三跑台阶

4-2-30 迈锡尼城堡地下储水池区东侧通向城堡外的小门

4-2-31 迈锡尼城堡西北角遗址现状

4-2-32 迈锡尼城堡通向城外的北门

4-2-33 从迈锡尼城堡外侧望北门

4-2-34 迈锡尼城堡东墙外陡峭的山坡

4-2-35 从南侧远望迈锡尼城堡

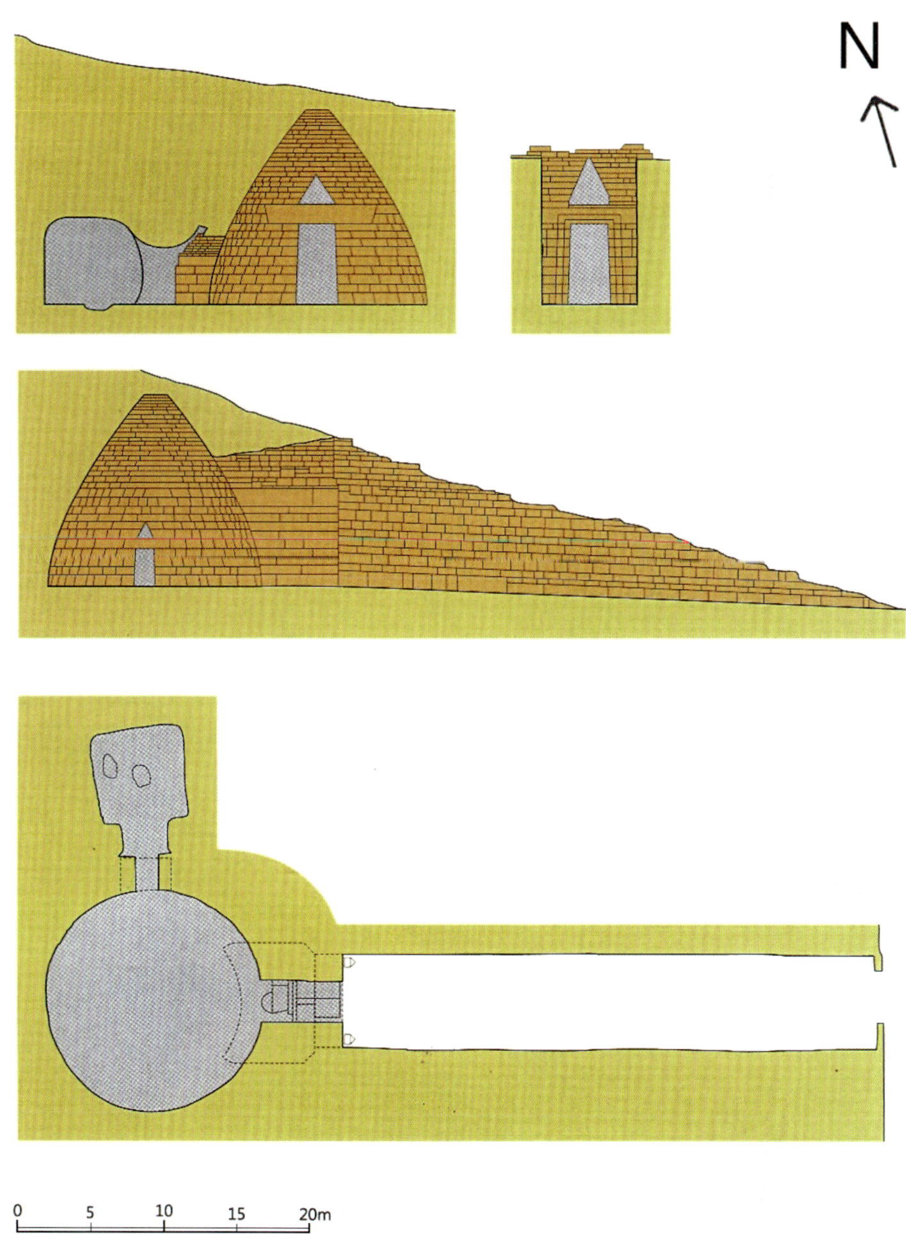

4-2-36 迈锡尼城堡外的阿特雷斯宝库
平面（下）、纵剖面（中）与横剖面（上）

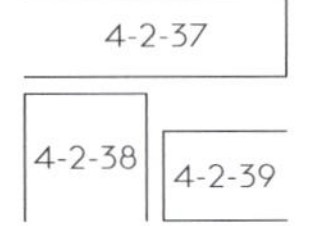

4-2-37 迈锡尼的阿特雷斯宝库入口

4-2-38 迈锡尼的阿特雷斯宝库入口细部

4-2-39 仰视迈锡尼的阿特雷斯宝库室内顶部

5 古希腊的宗教圣地：德尔斐与奥林匹亚

The Sanctuaries of Ancient Greece: Delphi and Olympia

5.1 “泛希腊圣地”德尔斐

The pan-Hellenic Sanctuary of Delphi

德尔斐 (Delphi) 是古希腊最大的宗教中心，德尔斐地区最早有人类居住的迹象可以上溯到旧石器时代，在德尔斐圣地遗址发掘出公元前 1400 年的中等规模村庄，村庄名为“皮托”（ Python ），皮托也是德尔斐的旧名。按照古老的传说，这里本来供奉着大地女神（ Gaia ），她的守护者是巨蛇 (Python)，太阳神阿波罗杀死了巨蛇，取代了大地女神，成为德尔斐圣地的主人，这个传说或许从侧面反映了母系社会向男权社会转变的过程，阿波罗象征光明、和谐与秩序。

公元前 6 世纪，古希腊人在德尔斐建造了纪念阿波罗(Apollo)传达圣喻 (oracle) 的“圣地”，而且是“泛希腊圣地”(pan-Hellenic sanctuary)，德尔斐成为古希腊的宗教中心和统一的象征，也被称为“世界的中心”(navel of the world)。1987 年，联合国教科文组织将“德尔斐考古遗址”（ Archaeological Site of Delphi ）列入世界遗产名录。

德尔斐圣地坐落于风景宏伟、海拔 2547m 的帕纳索斯山 (Mount Parnassus) 的南坡上，山坡十分陡峭，德尔斐圣地与壮丽的自然景色完美融合，从圣地的阿波罗神庙能够俯瞰整个希腊中部。阿波罗神庙北侧是露天剧场，阿波罗神庙东侧不远处还有另一组献给雅典娜的神庙和一处运动场。德尔斐圣地的运动场是四年一度的皮提娅运动会（ Pythian Games ），或译皮托运动会的举办地，古希腊的皮托运动会同奥林匹克运动会旗鼓相当，也是具有影响力的宗教祭典，奥运会成立后，皮托运动会逐渐失去了昔日的光辉。

朝圣者要从帕纳索斯山下向上走，经“神路”(Sacred Way) 走进以阿波罗神庙为中心的德尔斐圣地。神路的入口处是古罗马时代建造的集市，穿越集市后的神路两边排列各种纪念碑和 20 余座各城邦贡奉的纪念性建筑，其中大部分是各城邦的宝库（ trésor or treasury ），宝库内陈列献给神祇的谢恩奉献物（ ex-voto ）。德尔斐圣地最大的宝库是雅典宝库（ Athenian Treasury ），雅典宝库约建于公元前 485 年，为纪念马拉松战役的胜利而修建，建筑物的平面尺寸为 6.5m × 9.5m，雅典宝库位于神路的最后一个拐弯处，位置精心选择，无论是从圣地入口还是从阿波罗神庙都能够看到它。德尔斐圣地另一个有特色的宝库是斯菲尼亚宝库 (Siphnian Treasuey)，斯菲尼亚宝库是爱琴海中的锡夫诺斯（ Siphnos ）岛的岛民于公元前

530—前480年建造的，建筑物的平面尺寸为6.1m×8.3m，宝库全部由大理石建造，相当豪华，因为锡夫诺斯岛有金矿和银矿，丰富的矿藏使锡夫诺斯岛的岛民在公元前6世纪成为希腊最富裕的人。最令建筑师感兴趣的是宝库门前的两个“女像柱”（caryatids），由于斯菲尼亚宝库建造的年代比雅典卫城的伊瑞克提翁神庙女像柱建造的年代早70年，因此，“女像柱”的首创精神应是归功于斯菲尼亚宝库的设计师。

德尔斐圣地的阿波罗神庙最早创建于公元前7世纪，最初的设计人是传说中的英雄建筑师特罗丰尼乌斯（Trophonius）和阿伽墨得斯（Agamedes）。公元前6世纪，神庙曾遭受火灾，公元前373年又因地震而严重破坏，今日看到的阿波罗神庙是公元前330年第3次建造的，建筑师是斯宾萨斯（Spintharus）、色诺多洛斯（Xenodoros）与阿伽颂（Agathon），完成神庙山墙雕刻的雕塑家为普拉亚斯 (Praxias) 和阿德洛屯厄斯（Androsthenes）。[32] 阿波罗神庙平面呈矩形，长60.32m，宽23.82m，前、后各有6根立柱，两侧各有15根立柱，立柱全部为多立克柱式，立柱的材料为石灰石，阿波罗神庙平面的长轴为东西向，平行于等高线，入口朝东。阿波罗神庙北侧的露天剧场依山而建，可容纳5000观众，今天所看到的露天剧场完工于古罗马时期，从圣地内的建筑布局我们可以想象昔日德尔斐的盛况，成千上万来自希腊各地的人们到德尔斐圣地朝圣，祈求神的指示。

根据传说，阿波罗神庙建造在一个火山断层上，这个断层直通地下深处，而正是通过它，阿波罗才能和凡人沟通。[33] 德尔斐的神谕通过皮提娅先知女祭司 (Pythia-seer - priestess) 的中介将神的语言昭示给世人，女祭祀在阿波罗神庙中“代神传谕”，解答疑难者的叩问，这种“中介昭示”成为神庙最主要的功能，公元前8世纪，因皮提娅先知女祭司的存在，德尔斐成为国际上著名的圣地。[34]

献给雅典娜的神庙（Temple of Athena Pronaia）是德尔斐圣地中另一幢重要建筑物，献给雅典娜的神庙建在德尔斐圣地东区，德尔斐圣地东区也称“献给雅典娜的圣地”(Sanctuary of Athena Pronaia)。献给雅典娜的神庙平面为圆形，直径

㉜ 引自德尔斐官方网站。

㉝ 法国雅典学院的发掘工作并没有在阿波罗神庙地下找到传说的裂缝，并且他们认为当地的页岩地质结构也阻止了气体的外散。但更新的研究表明，德尔斐遗迹确实坐落于两个断层的交叉处，并且地底下的沥青质石灰岩在地壳运动中可能会产生乙烯类物质，后者对人有神经麻痹作用。这些细节和希腊作家普鲁塔克（Plutarchus，约公元46–120年）的历史记载不谋而合，新的研究提供了一种新的解释。

㉞ 阿波罗神庙的女祭司传统上应当是一个未受过教育的年轻处女，后期演变成了一个老年妇女，但仍着少女的服饰，她坐在一个三足鼎上，下面是产生天然气的地面裂缝。女祭司手持着一个扁盘 (phiale) 和一支代表阿波罗的月桂。女祭司先吸入地下含有甘醇的气体 (ethylene gasses)，然后轻声低语，预言未来，内容含糊不清，高深莫测，此后，她再用普通语言做解释，而且经常解释的含意相反。摘引自德尔斐官方网站。

14.76m，神庙高 13.5m，外周有 20 根多立克式柱廊，神庙中心由 10 根科林斯式柱围合出内殿，圆形的雅典娜神庙建造于公元前 380—前 370 年。献给雅典娜的神庙占地很大，圆形的雅典娜神庙 (Tholos) 东、西两侧均有规模较大的建筑遗迹，东侧矩形平面的神庙遗迹是“早期的雅典娜神庙”(Archaic temple of Athena)，约建于公元前 500 年，早期的雅典娜神庙东侧还有几个祭坛，早期的雅典娜神庙与圆形雅典娜神庙之间还有两幢献给雅典娜的小型宝库。圆形的雅典娜神庙西侧是后期又建造的雅典娜神庙 (Later temple of Athena)，约建于公元前 370 年，因此，昔日献给雅典娜的圣地是一组建筑群，今日在众多建筑遗迹簇拥下，圆形的雅典娜神庙显得格外突出。[35]

德尔斐圣地的运动场位于阿波罗神庙和雅典娜的神庙之间，比较靠近雅典娜的神庙，德尔斐圣地运动场建于公元前 5 世纪，罗马皇帝哈德良在公元 2 世纪加建了大理石座位和入口处的拱门，德尔斐圣地运动场跑道的长度与奥林匹克运动会规定的长度不同，德尔斐圣地运动场的跑道从起点至终点的长度为 178.3m，跑道宽度约可容纳 17~18 位运动员。

在德尔斐圣地有一条圣泉 (Castalian spring or Kastalia spring)，圣泉在传达圣喻中起着重要的作用，女祭司在传达圣喻前要自我净化，圣泉源自峭壁的山脚下，泉水沿着普雷斯托斯河谷（Pleistos Valley）流经德尔斐圣地，在圣地内形成两处纪念性的喷泉，昔日成为圣地的重要景观，今日仅可见到溪流。

公元前 560 年，基克拉迪群岛中最大的纳克索斯岛 (Naxos) 向德尔斐圣地奉献了一座宏伟的狮身人面像纪念柱，柱顶上是风格独特的、具有鸟翼的狮身人面像 (Sphinx)，狮身人面像端坐在很高的爱奥尼柱式圆柱的柱头上，纪念柱总高约 12.5m，纪念柱的位置在阿波罗神庙南侧。

雅典人奉献给阿波罗神庙的纪念柱被称为“舞蹈家之柱”（The column of the 'Dancers'），树立在阿波罗神庙东北，确切地点不详。纪念柱高 13m，约建于公元前 330 年，纪念柱的柱身由 5 段短柱叠加而成，每段柱上都有一圈叶状装饰，柱身犹如正在生长的植物，纪念柱顶部有 3 位少女，她们的右臂共同托着一具很大的圣火盆（cauldron），左臂各自展示出舞姿，3 位少女犹如青铜三足鼎（bronze tripod）的三足。考古学家认为 3 位少女象征传说中的雅典第一位国王刻克洛普斯（Cecrops）的 3 个女儿，而三足鼎又是阿波罗的象征物，因为阿波罗神庙的女祭司替代阿波罗传达圣喻时就是坐在三足鼎上。柱顶上刻有花纹的圆锥形大理石雕（Marble omphalos）架在圣火盆上，作为纪念柱的结束，也有人认为圆锥形大理

㉟ 根据相关资料介绍：“Pronaia”一词的意思是“before the temple”，似乎有意说明雅典娜的神庙建于阿波罗神庙之先。

石雕具有象征世界中心的含意。[36] 雅典人奉献给阿波罗神庙的纪念柱创意新颖，设计人极具想象力，作品把多方面的思想凝聚在一座纪念柱上，以具体的实物表达抽象思维，给后人留下不断猜测的谜团。

德尔斐圣地的狮身人面像纪念柱和雅典人奉献给阿波罗神庙的“舞蹈家之柱”均珍藏在德尔斐考古博物馆，德尔斐圣地现场没有复制品，德尔斐圣地有许多献给阿波罗的宝藏，珍贵的雕塑将在本书第 8 章中介绍，本章介绍两幅德尔斐圣地建筑物檐口的细部装饰，展现古希腊早期建筑设计的艺术水准。

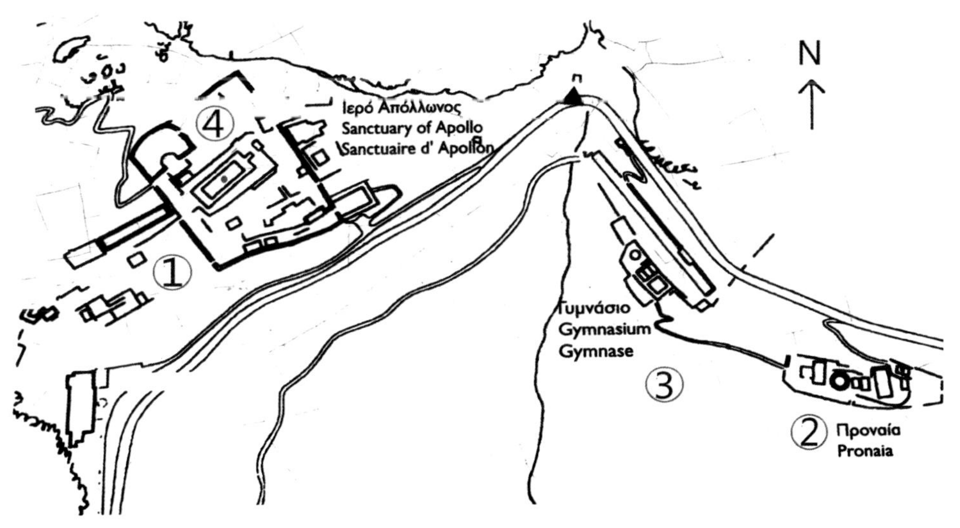

5-1-1 德尔斐圣地总体布局示意

1- 以阿波罗神庙为中心的西区；2- 以雅典娜神庙为中心的东区；
3- 中区是皮托运动场；4- 阿波罗神庙

㊱ 据德尔斐考古博物馆介绍，雅典人奉献给阿波罗神庙纪念柱的确切含义至今仍是个谜，有些考古学者把这个纪念柱称为“舞蹈者之柱”（The column of the ‘dancers’），因为 3 位少女的舞姿令人联想到“小亚细亚狂女美娜德”（Maenads），美娜德是古希腊神话故事中酒神狄俄尼索斯的女祭司，纪念柱也因此得名。

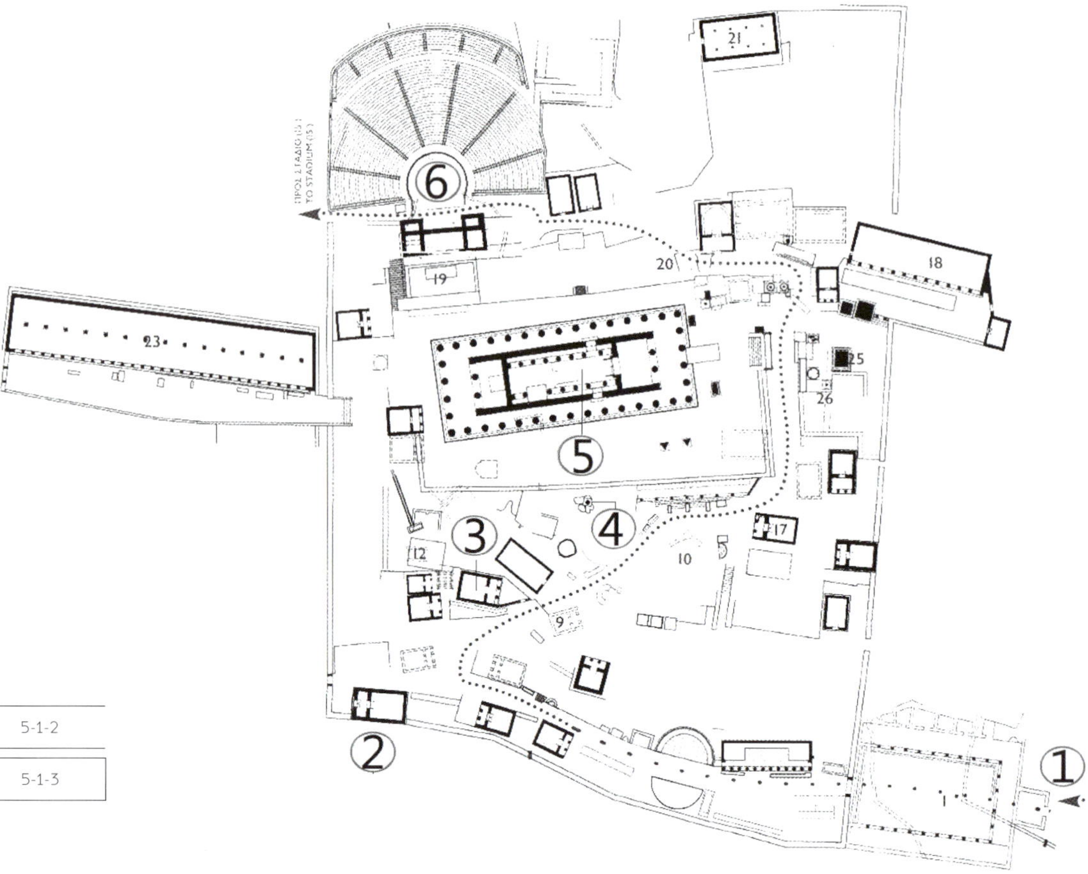

5-1-2 以阿波罗神庙为中心的德尔斐圣地西区建筑布局

1- 德尔斐圣地西区神路的起点；2- 斯菲尼亚宝库；3- 雅典宝库；4- 狮身人面像纪念柱；5- 阿波罗神庙；6- 露天剧场

5-1-3 以阿波罗神庙为中心的德尔斐圣地西区建筑模型

5-1-6

5-1-4

5-1-5

5-1-4 德尔斐圣地坐落于帕纳索斯山南坡

5-1-5 德尔斐圣地西区神路的入口是古罗马时代建造的集市

5-1-6 古罗马时代砌筑的砖墙围合着古集市

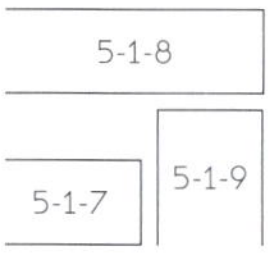

5-1-8

5-1-7 5-1-9

5-1-7 德尔斐圣地的神路穿越古罗马集市

5-1-8 德尔斐圣地的神路向上爬坡走近阿波罗神庙

5-1-9 德尔斐圣地最大的宝库是雅典宝库

5-1-13 | 5-1-11 | 5-1-10 | 5-1-12

5-1-10 雅典宝库位于神路的最后一个拐弯处

5-1-11 从阿波罗神庙俯视神路两侧的宝库和各种纪念碑，图片中心的建筑物是雅典宝库

5-1-12 俯视阿波罗神庙的环境

5-1-13 阿波罗神庙透视

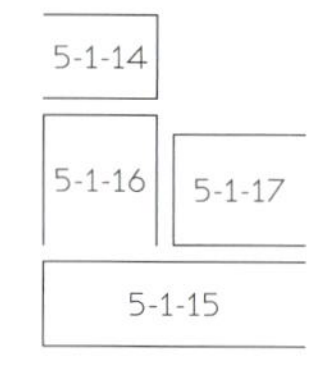

5-1-14 阿波罗神庙入口的坡道

5-1-15 俯视阿波罗神庙北侧依山而建的露天剧场

5-1-16 露天剧场依山而建的座位

5-1-17 德尔斐圣地的斯菲尼亚宝库复原透视

5-1-19

5-1-18

5-1-18 德尔斐圣地斯菲尼亚宝库的女像柱透视

5-1-19 德尔斐圣地斯菲尼亚宝库的女像柱正立面

5-1-20

5-1-21

5-1-20 俯视德尔斐圣地献给雅典娜的神庙群

5-1-21 德尔斐圣地的圆形雅典娜神庙

5-1-22	5-1-23
5-1-24	
5-1-25	

5-1-22 俯视德尔斐圣地圆形的雅典娜神庙

5-1-23 德尔斐圣地圆形雅典娜神庙透视

5-1-24 仰视德尔斐圣地的雅典娜神庙檐口细部

5-1-25 俯视德尔斐圣地的运动场

5-1-26 德尔斐圣狮身人面像纪念柱的正立面（右）与侧立面（左）

5-1-27 5-1-28

5-1-27 德尔斐圣地的狮身人面像纪念柱顶部的狮身人面像

5-1-28 雅典人奉献给阿波罗神庙的“舞蹈家之柱”复原图

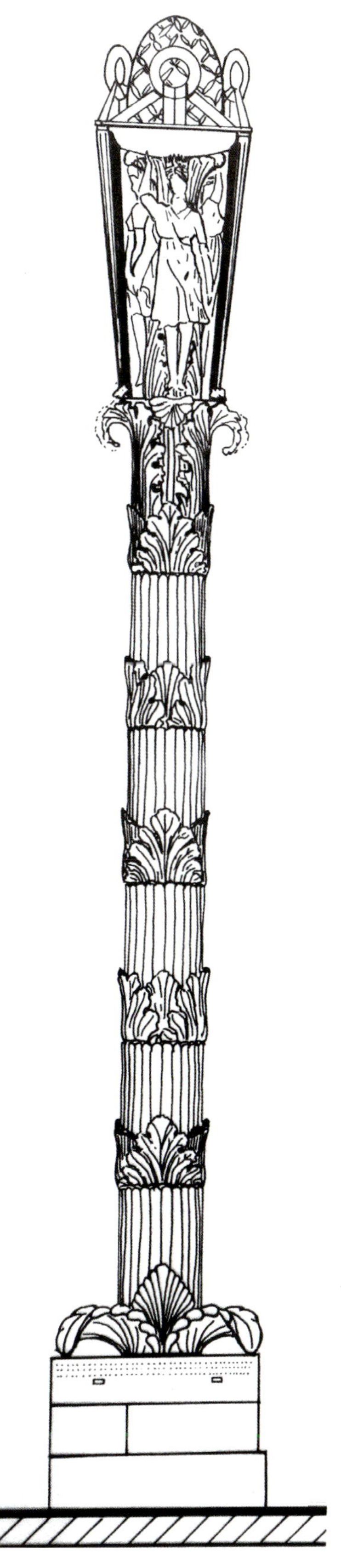

5-1-29	5-1-30
5-1-32	5-1-31

5-1-29 雅典人奉献给阿波罗神庙的“舞蹈家之柱”顶部圆锥形大理石雕

5-1-30 雅典人奉献给阿波罗神庙的纪念柱片段展示 3 位少女的舞姿

5-1-31 德尔斐圣地建筑物檐口陶土烧制的兽头排水口

5-1-32 德尔斐圣地建筑物檐口陶土烧制的花饰

5.2 奥林匹亚：古希腊祭拜宙斯的中心

Olympia:A Centre for the Worship of Zeus

奥林匹亚圣地是古希腊最古老、最著名的圣地之一，奥林匹亚圣地位于伯罗奔尼撒半岛西部风景优美的阿尔菲奥斯山谷 (valley of the Alpheios)，克洛诺山 (Hill of Kronion) 南侧，是希腊传说中诸神会聚的地方。奥林匹亚圣地自史前期就有人居住，公元前 10 世纪成为希腊人祭拜诸神之父宙斯的重要圣地，作为祭拜仪式之一的奥林匹克运动会于公元前 776 年首次在奥林匹亚举行，此后，人们每 4 年在奥林匹亚举行一次奥运会。阿尔提斯（Altis）是奥林匹亚圣地中心部分的名称，是神庙、圣坛和众多希腊城邦存放奉献品仓库集中的神域，奥林匹亚考古遗址（Archaeological Site of Olympia）在 1989 年被评为世界遗产。

奥林匹亚圣地是宗教仪式和体育运动相结合的综合体，圣地东西长约 520m，南北宽约 400m，公元前 4 世纪，古希腊人在圣地的阿尔提斯神域建造了围墙，围墙设有 5 座门，此后，又在阿尔提斯神域西侧和南侧建造了奥林匹克运动会场、角力学校 (Palaistra)、议事厅 (bouleuterion)、祭司住房（Theokoleon or Priests' House）和为圣地服务的建筑物，最大的服务性建筑物是为奥林匹克运动会服务的列奥尼达斯宾馆（Leonidaion）和公共性的旅店，旅店在古罗马时期被改造，罗马人还在古希腊时期就已经建造的浴室旁又建造了多座公共浴室。奥林匹亚圣地还保护下来一座菲迪亚斯的工作室，颇有纪念意义，说明不仅古希腊人对菲迪亚斯重视，以后历代人也都很尊重这位艺术家。

赫拉神庙（Temple of Hera or Heraion）位于阿尔提斯神域北端的克洛诺山脚，是圣地内最早的柱廊围合的神庙和希腊最早的多立克柱式神庙之一。赫拉神庙约建于公元前 650 年，最初的规模很小，也仅有一个门廊，而且是木结构，神庙内供奉宙斯与赫拉的石雕立像。公元前 600 年，赫拉神庙进行了逐步扩建，将木结构逐步改造为多立克柱式石结构，并且增加了内室 (opisthodomos) 和外廊 (pteron)。扩建后的赫拉神庙基座为 50m × 18.76m，神庙短边立面柱廊有 6 根柱，长边立面柱廊为 16 根柱。赫拉神庙的结构形式很特殊，神庙内部不仅有两排内柱，而且还有两道“内墙”，这种结构形式有助神庙由木结构向石结构的逐步改造，保证整体结构在施工过程中的稳定性。赫拉神庙另一点特殊之处是外廊的石柱直径并不一致，约 1.0~1.28m，这也是逐步改建引起的后果。漫长的改造过程应当是受资金的限制，据说还有另外一种优点，可以使捐赠者看到外廊的木柱逐步更换为石柱的真实过程。[37]

赫拉神庙建成不久，各地人民便开始在赫拉神庙东侧的山坡上建造存放奉献品的小神庙或称宝库，宝库规模都很小，入口一律朝南，并且排列的很整齐，宝库和赫拉神庙之间还建造了一个纪念性的喷水池 (Nynphaion)，历届奥林匹克运动会的火炬燃点仪式均在赫拉神庙南侧举行。在宝库南侧有一幢名为母亲神庙或称西布莉神庙 (Metroon or temple of Cybele)，神庙献给大地母亲女神 (mother goddess)，母亲神庙是罗马帝国皇帝奥古斯都（Augustus）建造的，室内有多座雕塑。[38] 赫拉神庙西侧的菲利普纪念亭（Philippeion）是马其顿帝国的亚历山大大帝修建的，为纪念其父菲利普二世 (Philip II) 在凯洛内阿战役 (Battle of Chaironeia，公元前 338 年) 的胜利，菲利普纪念亭平面为圆形，外围由爱奥尼式柱廊围绕。赫拉神庙南侧是珀罗普斯神殿 (Pelopion or Shrine of Pelops)，珀罗普斯是雅典神话人物，是古代希腊伯罗奔尼撒半岛西部的比萨国王 (king of Pisa)，曾经统治过全部古希腊人 (Hellenes)，并且创办了闻名于世的奥林匹克运动会。珀罗普斯神殿始建于公元前 6 世纪，最初平面为圆形，现在看到的遗迹是公元前 4 世纪改建的五边形神殿，从古希腊至古罗马，珀罗普斯神殿一直作为祭坛，为了纪念珀罗普斯，每年都要有一只黑色公羊在此牺牲。

宙斯神庙是阿尔提斯神域内最重要的建筑物，也是伯罗奔尼撒半岛内最大的神庙，神庙位置在珀罗普斯神殿南侧，建于公元前 470—前 457 年。宙斯神庙是一座多立克柱式的神庙，长 64.12m、宽 27.68m、高 20.25m，神庙四面柱廊围绕，短边有 6 根柱，长边为 13 根柱，神庙东侧山墙上的大理石雕塑表达俄诺玛俄斯 (Oinomaos) 与珀罗普斯 (Pelops) 的战车比赛 (chariot race)，宙斯站在中间，西侧山墙上的雕塑表现拉毕泰人 (Lapiths) 与半人半马野蛮人 (Centaurs) 的战斗，阿波罗站在中间。上述两组雕塑是古希腊早期古典风格 (Early Classic style) 或称严肃风格 (Severe style) 的代表性雕塑作品，现珍藏在奥林匹亚博物馆中。宙斯神庙内殿中坐在宝座上的宙斯雕像是菲迪亚斯的作品，宙斯雕像头顶花冠，身披黄金长袍，上身半裸，右手持黄金和象牙打造的胜利女神像 (Nike)，左手握着权杖 (sceptre)，雕塑完成于公元前 430 年，这座高达 13m 的宙斯雕像被誉为“世界七大奇观之一”。

㊲ Henri Stierlin. Greece : from Mycenae to the Parthenon[M]. London : Taschen, 2009，42.

㊳ 奥古斯都（Augustus）原名盖乌斯 · 屋大维 · 图里努斯（Gaius Octavianus Thurinus , 公元前 63 – 公元 14 年），奥古斯都是元老院授予他的尊称，奥古斯都结束了一个世纪的内战，使罗马帝国进入相当长的和平繁荣时期。根据奥古斯都指令，元老院在古罗马城外的战神场区建立了一座供奉和平女神 (Pax) 的和平祭坛，和平祭坛犹如一座开放式神殿。奥古斯都在希腊建造了献给大地女神的神庙，目的应当是强调继承传统，因为古罗马和古希腊最初都祭拜大地女神。

据说以宙斯命名的大祭坛（Great Altar of Zeus）设在宙斯神庙与赫拉神庙之间，遗憾的是并没有留下遗迹。在宙斯神庙东侧的建筑遗迹中还有一座保护相对完好的胜利纪念碑，碑身的平面为三角形，碑顶的雕像为带翼的胜利女神，碑身高 9m，雕像高 3m，建于公元前 5 世纪，胜利纪念碑的雕塑家是帕奥尼乌斯 (Paeonios)，为纪念美塞尼亚人 (Messenians) 战胜斯巴达人 (Spartans) 而作。

奥林匹亚圣地的议事厅 (bouleuterion) 建在宙斯神庙南侧阿尔提斯神域之外，议事厅的南北两幢建筑分别建于公元前 6 世纪和公元前 5 世纪，两幢议事厅之间的正方形大厅是宙斯誓言祭坛 (Altar of Zeus Horkios)，运动员在比赛前应在此进行宣誓 (swore the oath)。

奥林匹亚考古遗迹中的许多建筑和设施，都是为体育比赛修建的，位于阿尔提斯神域西侧的运动场是世界上现存最古老的运动场，运动场四周有大片坡地看台，西侧设有运动员和裁判员入场口，场内跑道的长度为 210m，宽 32m。运动场南侧是角力学校 (Palaistra or wrestling-school)，角力学校训练角力、拳击和搏斗运动员，角力学校是一幢平面接近正方形的建筑物，边长约 66m，四周的房间是教室和训练需要的特殊用房，中间是柱廊围合的内院，角力学校建于公元前 3 世纪。阿尔提斯神域东南方向也曾分 3 期建造过简易的运动训练场，运动训练场仅有几条跑道，但是跑道的长度却不断变化，使赛跑运动从祭拜仪式逐渐转向休憩娱乐或健身。奥林匹亚圣地南端还设有赛马场 (Hippodrome or Horse Racecourse)，赛马场是罗马帝国皇帝尼禄 (Nero，公元 37-68 年）在位时兴建，公元 2 世纪，希腊旅行家鲍桑尼亚发现这个赛马场，全世界的考古学家、历史学家卷入了发掘工作近百余年，这项被认为是奥林匹亚圣地最后一项伟大发现的考古工作正在逐步接近完成。[39]

为奥林匹克运动会服务的宾馆和旅店建在角力学校南侧，宾馆是以建筑师列奥尼达斯 (Leonidas) 命名，列奥尼达斯来自爱琴海南部的纳克索斯岛 (Naxos)，以建筑师命名的建筑物在历史上罕见，说明古希腊对建筑师的重视，列奥尼达斯宾馆在古罗马时期被改建为政府官员的住宅。角力学校和列奥尼达斯宾馆之间建有希腊浴室、罗马浴室、祭司住宅和菲迪亚斯的工作室。列奥尼达斯宾馆的浴室部分遗迹保护相对完好，据说在公元 5~6 世纪曾经改建为制酒的工厂。

㊴ 尼禄于公元 54 年登基，是罗马帝国最神秘的皇帝之一，关于他的传闻很多，对他的评价也有争议，他早期的统治很仁慈，在他的首相、哲学家塞内加（Seneca）辅佐下，使罗马帝国保持鼎盛时期。从公元 59 年起他变得残暴，暴君尼禄被永远铭刻在人类文明史的耻辱柱上。尼禄爱好艺术表演，企图以种种艺术文化表演取代传统竞技场的血腥娱乐，他禁止了竞技场的决斗，引起了贵族、元老院及民众的不满。公元 66 年 8 月，尼禄前往希腊做预期一年的出访，公元 67 年上半年，尼禄本人亲自参加了古希腊四大竞技会，尼禄从中赢得多项桂冠，他将赢得的奖金纳入当时空虚的国库中，此后，他又宣布了让希腊独立，更引起了元老院不满。公元 68 年，罗马发生叛乱，他被元老推翻后自杀，遗体以罗马皇帝身份厚葬。

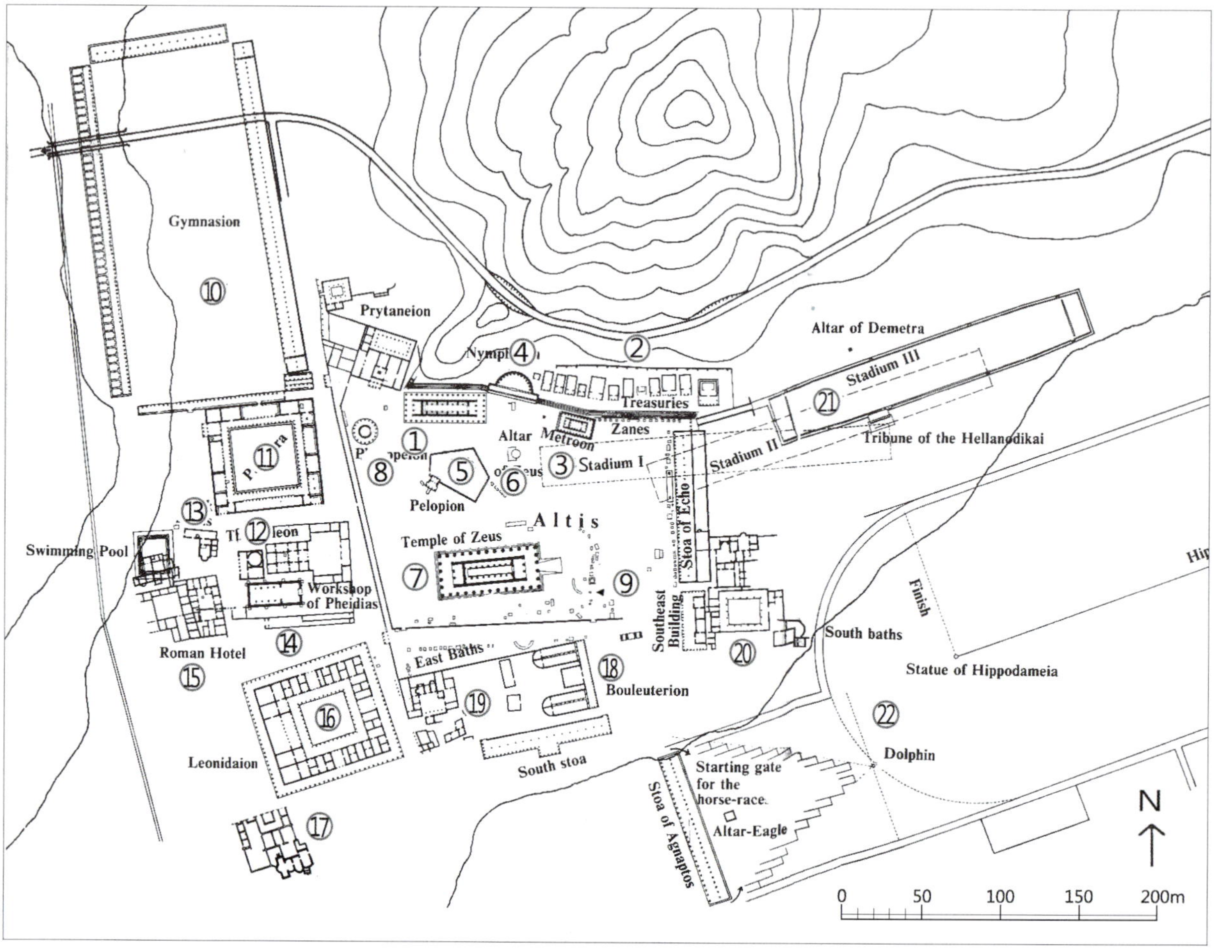

5-2-1 | 5-2-2 | 5-2-3

5-2-1 奥林匹亚圣地总平面

1- 赫拉神庙；2- 希腊各城邦存放奉献品的仓库；3- 母亲神庙；4- 纪念性喷水池；5- 珀罗普斯神殿；6- 宙斯祭坛；7- 宙斯神庙；8- 菲利普纪念亭；9- 胜利纪念碑；10- 奥林匹克运动会场；11- 角力学校；12- 祭司住宅；13- 希腊浴室；14- 菲迪亚斯工作室；15- 罗马旅馆；16- 列奥尼达斯宾馆；17- 列奥尼达斯浴室；18- 议事厅；19- 东浴室；20- 东南厅；21- 运动训练场 I-III 期；22- 赛马场

5-2-2 赫拉神庙平面

5-2-3 奥林匹亚圣地的赫拉神庙遗迹

5-2-4	5-2-5
	5-2-6
	5-2-7

5-2-4 赫拉神庙的立柱是古希腊最早的多立克柱式

5-2-5 从南侧望赫拉神庙

5-2-6 奥运会燃点圣火在赫拉神庙南侧举行

5-2-7 从东侧望赫拉神庙遗迹，右下方为纪念性水池

5-2-9

5-2-8

5-2-10

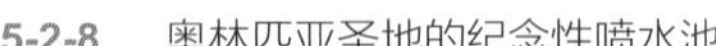

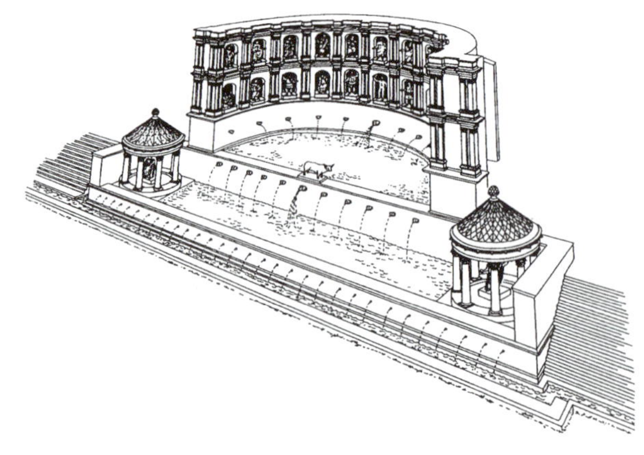

5-2-8 奥林匹亚圣地的纪念性喷水池

5-2-9 奥林匹亚圣地的纪念性喷水池复原透视

5-2-10 从北向南俯视宙斯神庙（上）与赫拉神庙（下）

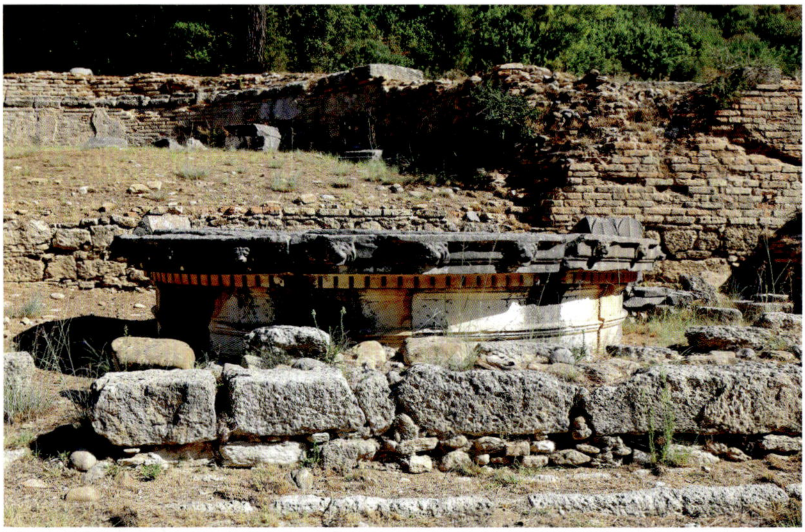

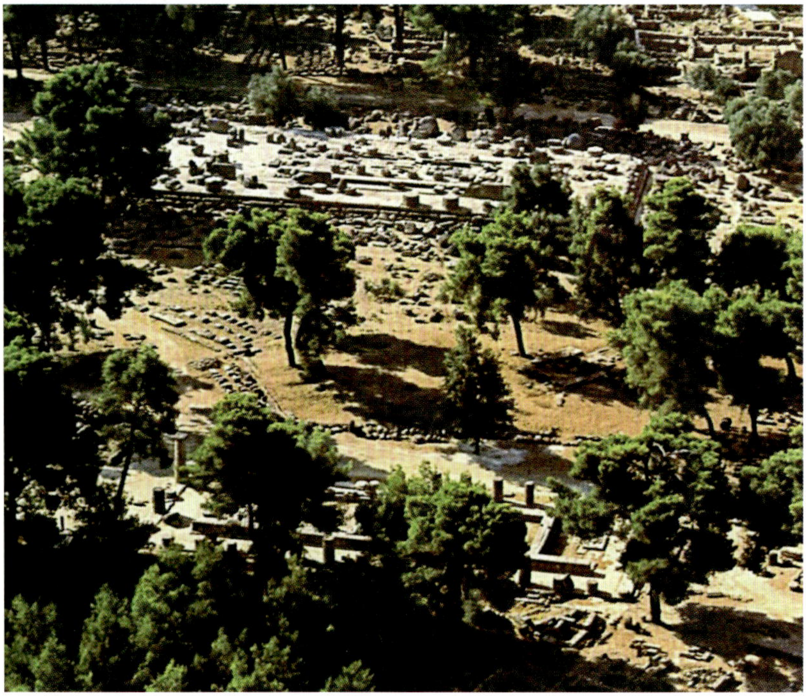

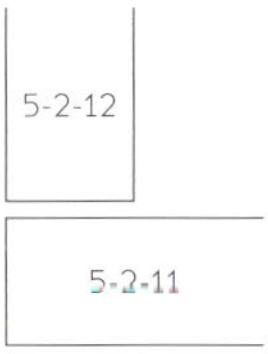

5-2-12

5-2-11

5-2-11 宙斯神庙遗迹

5-2-12 宙斯神庙的东立面（上）与西立面（下）

5-2-13
5-2-14
5-2-15

5-2-13 宙斯神庙西侧山墙的雕塑

5-2-14 宙斯神庙西侧山墙的雕塑，阿波罗站在中间

5-2-15 宙斯神庙内殿中坐在宝座上的宙斯雕像复原想象图

5-2-16	5-2-18
	5-2-19
5-2-17	

5-2-16 赫拉神庙西侧的菲利普纪念亭

5-2-17 从西侧望母亲神庙遗迹

5-2-18 宙斯神庙东侧的胜利纪念碑

5-2-19 奥林匹克运动会场入口

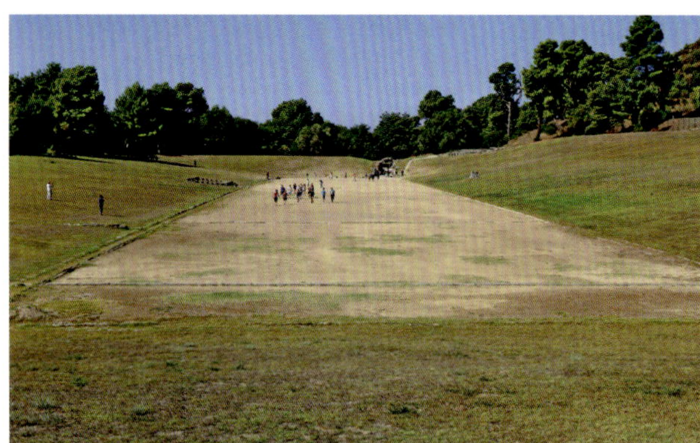

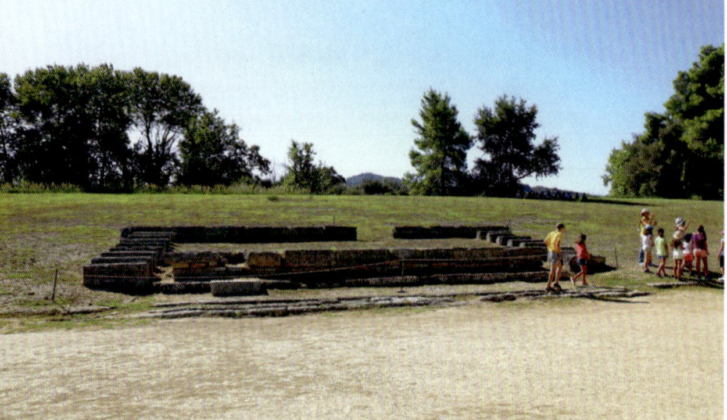

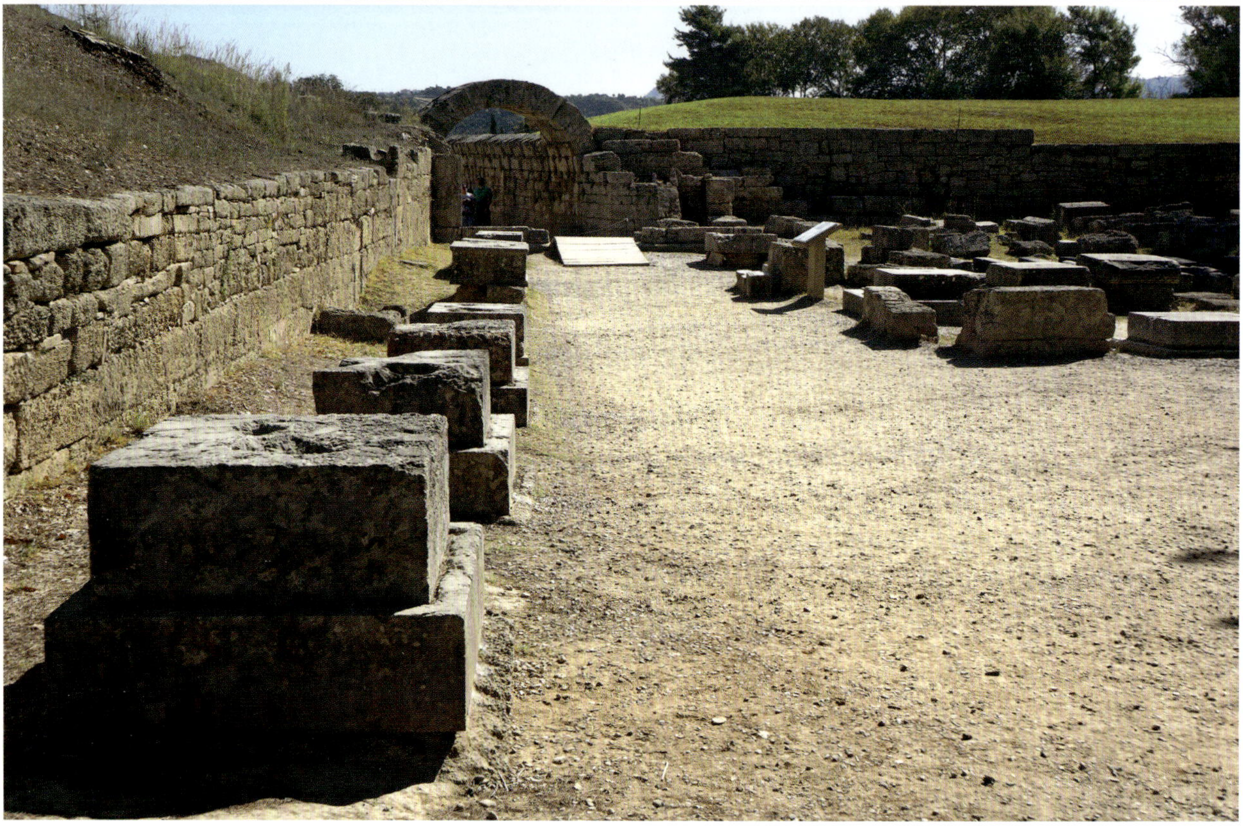

5-2-20	5-2-21
5-2-22	

5-2-20 从北侧望奥林匹克运动会场

5-2-21 奥林匹克运动会场领奖台

5-2-22 宝库南侧的宙斯青铜塑像基座放置在通向运动训练场的通道左侧

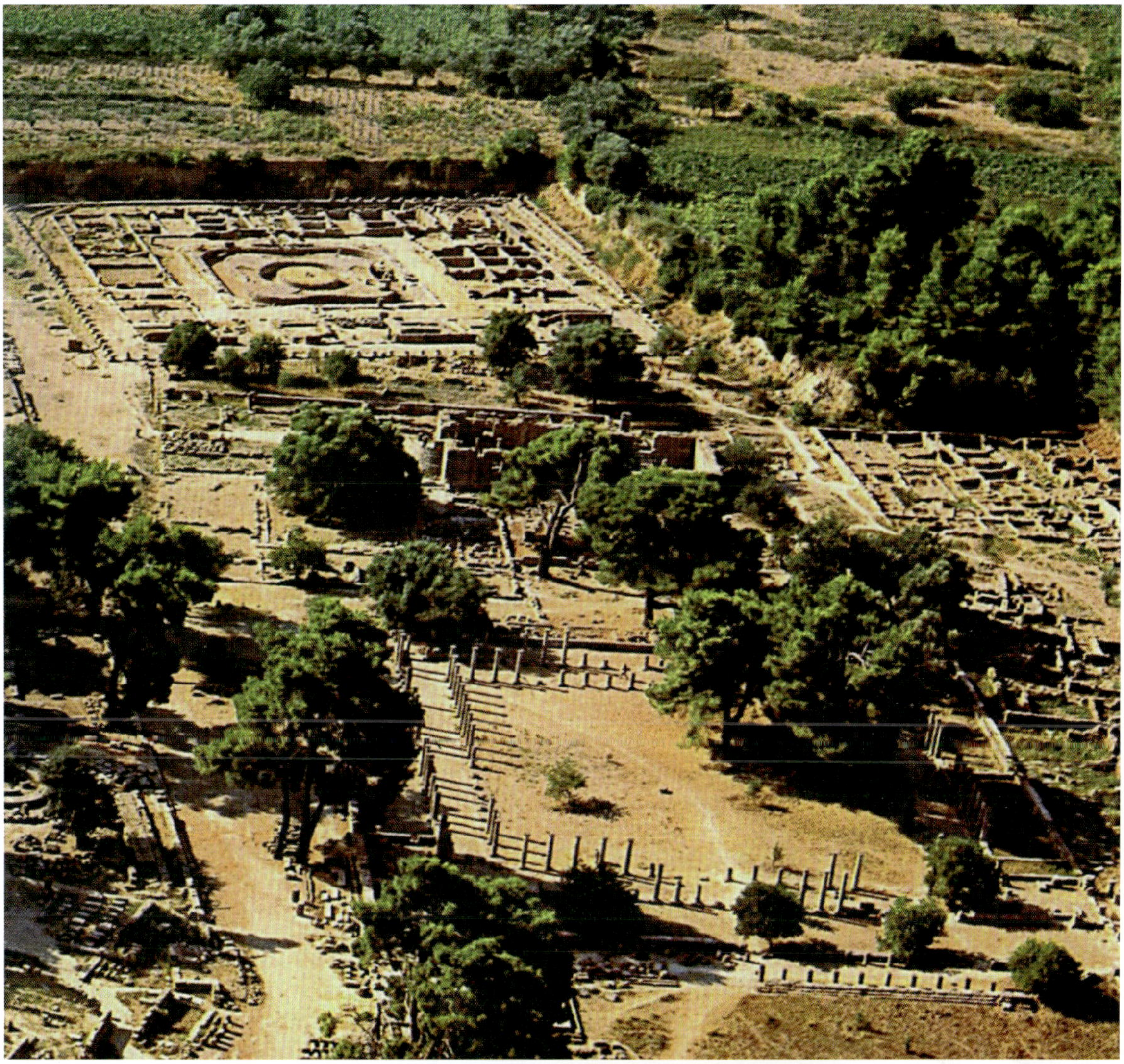

5-2-23
5-2-24 5-2-25

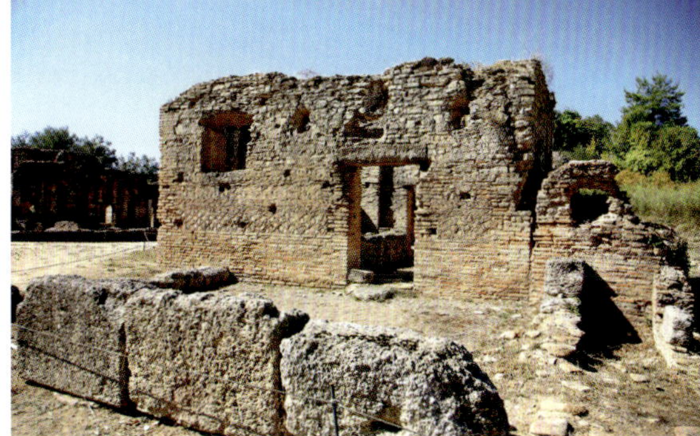

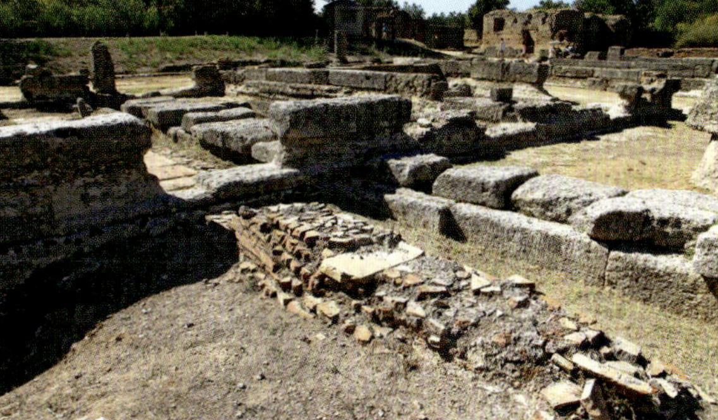

5-2-23 从北向南俯视列奥尼达斯宾馆（上）与角力学校（下）

5-2-24 列奥尼达斯浴室遗迹

5-2-25 远望列奥尼达斯浴室遗迹

5-2-26 菲迪亚斯工作室遗迹

6　雅典卫城：伯里克利时代的结晶

The Acropolis of Athens: The Crystallization of the Time of Pericles

古希腊有许多城邦，雅典卫城（Ακρόπολη or Acropolis of Athens）是古希腊最著名的雅典城邦的卫城，古希腊的雅典城邦被近似圆形的城廓 (enceinte) 围合，城廓建于公元前479—前478年，为了抵御波斯人的入侵，城廓直径约6.5km，围合出的面积约 200hm^2，围合的区域内包括作为宗教中心的雅典卫城、作为商业和行政中心的古集市（ancient Agora）和居民区。雅典的自由市民 (free Athenian citizens) 居住在城廓内，其他人住在城廓四周。若按每个家庭平均有 4 人计算，古希腊的雅典城约有 6 万 ~8 万人，此外，还有许多其他城邦的人到雅典工作，也还有一些奴隶，这些人并没有雅典市民的政治权力，因此，雅典城邦的人口总计约 40 万 ~50 万人。[40] 雅典卫城位于雅典城邦中心的偏南部位，雄踞海拔 150m 高的卫城山丘的顶部，是城市的地标。“Acropolis”在希腊语中意为“最高点”，雅典卫城东西向最长的距离为 270m，南北向宽约 156m，卫城占地面积约 3hm^2，卫城下面是露出地面的岩层 (outcrop)，卫城山丘的东、南、北三面都是悬崖绝壁，北侧和东侧的悬崖高达 30m，具有天然的防御功能，人们只能从西侧进入卫城。雅典的城名来自智慧女神雅典娜 (Athena) 的名字，在古希腊神话中雅典娜是这座城的保护神。[41] 1987 年，雅典卫城理所当然地被评为世界遗产。

㊵ Panos Valavanis. Acropolis: visiting its museum and its monuments[M]. Athens: Kapon Editions,2015:6.

㊶ 据神话传说，古希腊雅典人想在爱琴海边建立了一座新城，雅典娜和海神波赛顿都希望成为这座城的保护神，他们互不相让，于是争夺起来。后来，宙斯裁定，谁能给人类一件最有用的东西，该城就归属谁。波赛顿用三叉戟敲了敲岩石，从里面跑出了一匹象征战争的战马。而雅典娜用长矛一击岩石，石头上立即迅速地生长出一株枝叶繁茂、果实累累的橄榄树，橄榄树象征着和平和丰收，人们欢呼起来。于是，雅典娜成为新城的保护神，人们用她的名字将城命名为雅典，并将橄榄树栽满雅典各处。

6.1 雅典卫城的演变：从统治中心至宗教中心

The Evolution of the Acropolis of Athens: from the Centre of Ruling to the Centre of Religion

迈锡尼时代的雅典巨石城堡和神秘水源

据相关文献记载，雅典卫城所处的地区早在新石器时代便有人居住，雅典卫城所处的地区由灰色的石灰岩构成，岩石虽然十分坚硬却可被水分渗透，地区的表层由片岩、砂岩与石灰泥组成，此外，山脚可开挖洞穴，形成有利人类居住的环境。

青铜器时代后期，约公元前 1250 年，迈锡尼国王将他的宫殿和随从的护卫、工匠与部分平民的住房建在今日雅典卫城的位置，并且在住地四周建造了巨石城堡作为防御工事，巨石城堡的城墙由大块石灰石砌筑，巨石城堡没有留下完整的遗址，国王的宫殿也没有留下遗迹。自公元 19 世纪后期至 20 世纪中期，多位考古学家在雅典卫城持续考察“迈锡尼时期的巨石城堡遗迹”，不断取得重要成果，根据考察的成果得出以下结论：迈锡尼时期巨石城堡的城墙高约 9~10m，厚约 3~6m，城墙总长约 700m，城堡围合出的面积约 25000m^2，巨石城堡东、西两端各有 1 个出入口，主入口在西端，主入口具有周密的防御功能并设有守卫室，守卫室建在伯里克利时代的胜利女神庙 (Nike shrine) 的位置。[42] 荷马史诗《奥德赛》中曾经提到过雅典卫城的巨石城堡，并且说有“雄伟的埃瑞克修斯住宅”(strong-built House of Erechtheus)，埃瑞克修斯是古希腊神话中的雅典国王。[43]

迈锡尼城堡考古工作的另一个重大成果是“神秘水源”的发现，神秘水源的位置在迈锡尼城堡北侧偏西的悬崖边，邻近阿波罗洞穴，在迈锡尼时代曾有巨石城墙将水源上部地段围合，形成标高略低的“小城堡”，作为战备用地，或许是保卫水源的驻军用地。今日雅典卫城的伊瑞克提翁神殿西北侧 45m 处的山坡上，有一条天然的垂直裂隙，裂隙深达 34.5m，裂隙底部是迈锡尼人修建的蓄水池，裂隙上端宽约 1.35m，裂隙底端宽约 2.0m，由裂隙顶部向下修筑有 8 跑楼梯，最后 3 跑

㊷ George E. Mylonas. Mycenae and the Mycenaean Age[M]. Princeton: Princeton University Press, 1966:35−39.

㊸ “Acropolis of Athens” ,Wikipedia, the free encyclopedia

是由碎石墙支撑的石台阶，中间部分的木楼梯因地制宜。裂隙最后 1 跑楼梯下面是一个垂直向下深达 8m 的圆筒形水井，水井上口直径约 2m，井壁有木梁和木板支撑，井底的蓄水池平面形如蜂巢，直径约 4m，水源从岩石壁上渗出，井底中心还有一个很深的泥浆沉淀池 (deep settling-pit)，思虑周密。[44] 这项设计独特的水井不得不令人惊异，更值得赞赏的是水井的隐蔽性，不仅裂隙的顶部完全隐蔽，裂隙中部连通阿革劳罗斯洞穴 (cave of Aglauros) 的出口也被墙体封闭，堪称“神秘水源”。[45] 此后，雅典卫城历经波希战争和古希腊城邦之间的内战，迈锡尼时代发现的水源既没有被破坏，也没有被废弃，虽然“神秘水源”为希腊人民提供了几个世纪的饮水，水源的宗教作用甚至大于供水功能，古希腊人把雅典卫城的水源视为“水神”，把水源视为宗教圣地，“神秘水源”加强了卫城作为雅典城邦宗教中心的地位。

伯里克利时代的雅典卫城

伯里克利时代 (公元前 480—前 404 年) 是雅典的黄金时代，今日看到的雅典卫城主要建筑物都是在伯里克利时代重建的，雅典最伟大的雕刻家菲迪亚斯 (Phidias，公元前 480—前 430 年) 和另外两位著名的建筑师伊克提诺斯 (Ictinus) 和卡利特瑞特 (Callicrates) 共同负责完雅典卫城的重建工作，菲迪亚斯与伊克提诺斯、卡利特瑞特的密切合作成为建筑学发展过程中，雕塑家与建筑师成功合作最早的典范。伯里克利时代修建的雅典卫城有 5 项重要作品：卫城保护神雅典娜青铜塑像（Statue of Athena Promachos）、帕提农神庙（Parthenon）、伊瑞克提翁神殿 (Erechtheion or Erechtheum)、雅典娜胜利女神庙 (Temple of Athena Nike) 和山门 (Acropolis Propylaea)。

雅典卫城是一组以雅典娜青铜塑像为中心、布局自由的建筑群，建筑群突出宗教的地位和雕像的作用，是城市设计的创举。武士形象的雅典娜青铜塑像在卫城的作用非常重要，塑像高 7m，连同基座总高 9m，塑像距山门 37m，雅典娜青铜塑像不仅在卫城广场中起着控制作用，而且控制着雅典全城，从海上远望便可见到雅典娜青铜塑像，雅典娜青铜塑像是菲迪亚斯最早的作品之一，可谓出手不凡。19 世纪德国建筑师和画家利奥 • 冯 • 克伦泽（Leo von Klenze）的一幅绘画，生动地表现出雅典卫城在伯里克利时代的面貌，或许绘画对雅典娜青铜塑像的高度略有

㊹ George E. Mylonas. Mycenae and the Mycenaean Age[M]. Princeton: Princeton University Press, 1966:40–43.

㊺ 迈锡尼水源隐蔽的顶部靠近雅典卫城的阿瑞封瑞翁库 (House of the Arrephorio) 的西北角，阿瑞封瑞翁库曾经是存放献给雅典娜奉献品的地方。

夸张。[46] 雅典娜青铜塑像的青铜材料源自马拉松战役的战利物资，因此，塑像有双重含义，既是敬奉保护神雅典娜，又可颂扬马拉松战役的胜利。

进入雅典卫城首先要经过布雷之门（Beulé Gate），布雷之门是以发现它的法国考古学家查尔斯•厄内斯特•布雷 (Charles Ernest Beulé) 之姓命名的，布雷之门建于公元 3 世纪，为防御东日耳曼部落 (Herulian) 的入侵而建。布雷之门的基座很高，入口很小，昔日两侧有高度不同的高塔，作为防御工事，今日作为雅典卫城“参观路线的出口”。沿着通向卫城山门的坡道继续上行，在左侧可以看到古罗马时代建造的、高达 8m 的基座，上面曾经建有古罗马将军阿格里巴（Agrippa）驾驶战车的青铜像。坡道右侧高地上是雅典娜胜利女神庙，优美典雅，雅典娜胜利女神庙原有位置在更高处的山门右侧，2003 年被整体迁移至现在的地点重建。雅典娜胜利女神庙原建于公元前 427—前 424 年，神庙两端各有 4 根爱奥尼式的柱廊，柱廊檐部饰有描述神话、战争场面的雕刻，如今已残缺不全。坡道最终通往的卫城山门（Propylaia）是昔日卫城真正的入口。卫城山门建于公元前 437—前 432 年，气势雄伟，山门的中部是开敞的大厅，大厅正面朝西，东、西立面均为 6 柱式的多立克式柱廊，穿越大厅的通道较窄，通道两侧各有 3 根支撑中央大厅屋顶的爱奥尼式立柱，与东、西立面的多立克式立柱形成对比。中央大厅南北两侧各有一厅，北厅较大，南厅较小，南厅前面是雅典娜胜利女神庙。虽然山门南、北二厅的大小不等，由于胜利女神庙在南厅一侧，而且地势较高，山门总体的视觉效果仍然保持均衡。雅典卫城山门既有防御功能，也有象征意义，雄伟的山门显示国家的实力。迈锡尼时代建造的巨石城堡的部分城墙被结合到卫城山门东南角外墙的底部，这是负责设计山门的希腊建筑师穆内西克莱斯 (Mnesikles) 的贡献，穆内西克莱斯显然不仅是为了节省劳力或石材，因为他意识到保留古迹的意义，同样的道理，山门南侧的胜利女神庙也把迈锡尼时代巨石城堡守卫室的基础石材充分利用，结合到胜利女神庙的建设中，成为雅典卫城入口处的重要景观。[47]

帕提农神庙和伊瑞克提翁神庙是卫城内两座重要的建筑物，两幢建筑物互相呼应，并且与雅典娜青铜塑像形成鼎足之势。帕提农神庙占据的地段最高，今日看到的帕提农神庙是伯里克利时代改建后的遗迹，帕提农神庙是古希腊多立克柱式发

㊻ 利奥 · 冯 • 克伦泽（Leo von Klenze）是 19 世纪德国建筑师，与卡尔 · 弗里德里希 · 申克尔同为古典复兴建筑最杰出的代表人物，克伦泽更加注重原典的古典建筑传统，尤其是古希腊建筑的城市空间设计理念。利奥 · 冯 • 克伦泽不仅仅是建筑师，在素描和油画上也很有造诣。他很早就开始研究古希腊建筑及雕塑的原有色彩，还绘制了一批古典建筑原本状态的想象图。本书选用的克伦泽绘画引自 History of Athens，From Wikipedia，the free encyclopedia。

㊼ Robin Francis Rhodes. Architecture and meaning on the Athenian Acropolis[M]. New York : Cambridge University Press, 1998，36–39.

展的顶峰，西方文化的最高表征。伊瑞克提翁神庙的建造时间稍迟于帕提农神庙，伊瑞克提翁神庙代表了古希腊的创新精神，它不仅是爱奥尼柱式的典范，而且进一步创造了女像柱，以美女形象替代粗壮的多立克柱，这种大胆的构思为后世树立了榜样。在帕提农神庙和伊瑞克提翁神庙之间有一片布满建筑遗迹的地段，在雅典卫城建造的早期，这里曾建造过无翼雅典娜神庙 (Temple of Athena Polias)，无翼雅典娜神庙和帕提农神庙都是举办雅典娜祭祀仪式的地方，无翼雅典娜神庙东侧是雅典娜祭坛，雅典娜祭坛是雅典娜节日群众游行的终点。在帕提农神庙东、西两侧还有几幢规模较小的建筑物，是存放奉献给雅典娜宝物的地方和卫城的辅助用房以及古罗马时代建造的神庙。

伯利克利时代的雅典卫城是雅典城邦的宗教中心和民主的象征，每逢重大节日，尤其是雅典娜节 (Panathenaia)，庆祝节日的群众游行要从城邦的北门或称迪普利翁门 (Dipylon Gate) 出发，向南穿越集市 (Agora) 的中心广场，然后登上卫城，最终在卫城的雅典娜祭坛结束。游行的路线形成泛雅典娜节日大道 (Panathenaic Way)，泛雅典娜节日大道总长约 1050m，最宽处达 20m，部分路段以石块铺面，为了保证节日大规模的游行队伍登上卫城，特意修筑了坚固的砖砌坡道。在卫城上向雅典娜祭献的仪式很隆重，由女祭司为雅典娜塑像披上一件新的长袍 (peplos)，这是雅典娜节日最终的高潮。

今日看到的雅典卫城，并非全是伯里克利时代的作品，雅典卫城不仅保留着迈锡尼时代的遗迹，也有古罗马时代的作品，雅典卫城南侧的狄俄尼索斯剧场 (Theatre of Dionysus) 是古希腊时代建造的露天剧场、世界上最古老的剧场之一。希罗德 • 阿提库斯剧场 (Odeon of Herodes Atticus) 修建于公元 161 年，是古罗马时代建造的剧场，可容纳约 5000 观众。

雅典卫城在黄金时代之后又历经沧桑，奥斯曼土耳其帝国占领期间，在雅典卫城内曾建造过清真寺，皮埃尔 • 佩尔蒂埃（Pierre Peytier）在 19 世纪 30 年代的一幅绘画作品或许是唯一的历史见证。

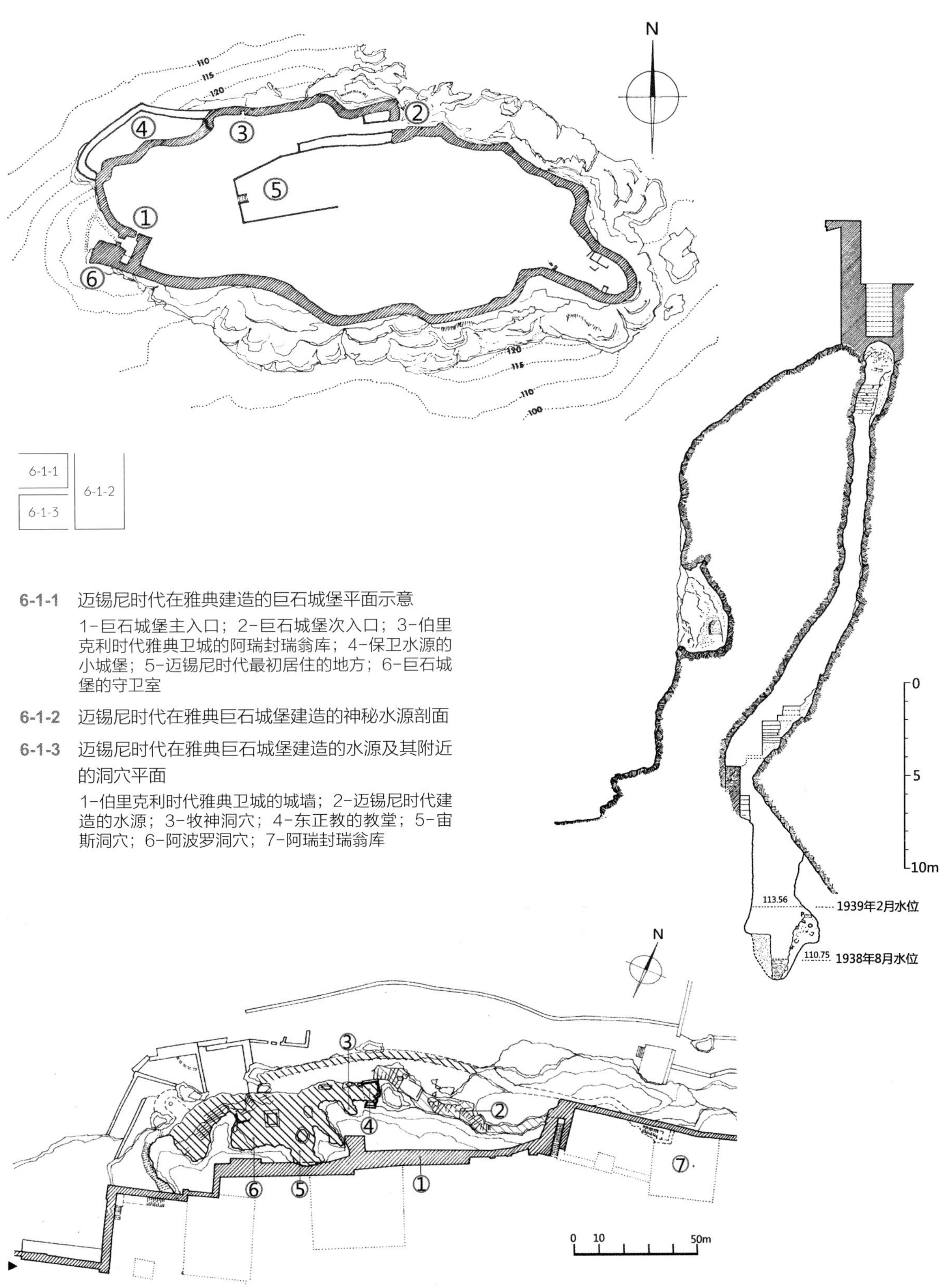

6-1-1 迈锡尼时代在雅典建造的巨石城堡平面示意

1-巨石城堡主入口；2-巨石城堡次入口；3-伯里克利时代雅典卫城的阿瑞封瑞翁库；4-保卫水源的小城堡；5-迈锡尼时代最初居住的地方；6-巨石城堡的守卫室

6-1-2 迈锡尼时代在雅典巨石城堡建造的神秘水源剖面

6-1-3 迈锡尼时代在雅典巨石城堡建造的水源及其附近的洞穴平面

1-伯里克利时代雅典卫城的城墙；2-迈锡尼时代建造的水源；3-牧神洞穴；4-东正教的教堂；5-宙斯洞穴；6-阿波罗洞穴；7-阿瑞封瑞翁库

6-1-4

6-1-5 6-1-6

6-1-4 登上迈锡尼时代建造的水源遗址

6-1-5 迈锡尼时代建造的水源入口

6-1-6 迈锡尼时代水源旁的阿波罗洞穴

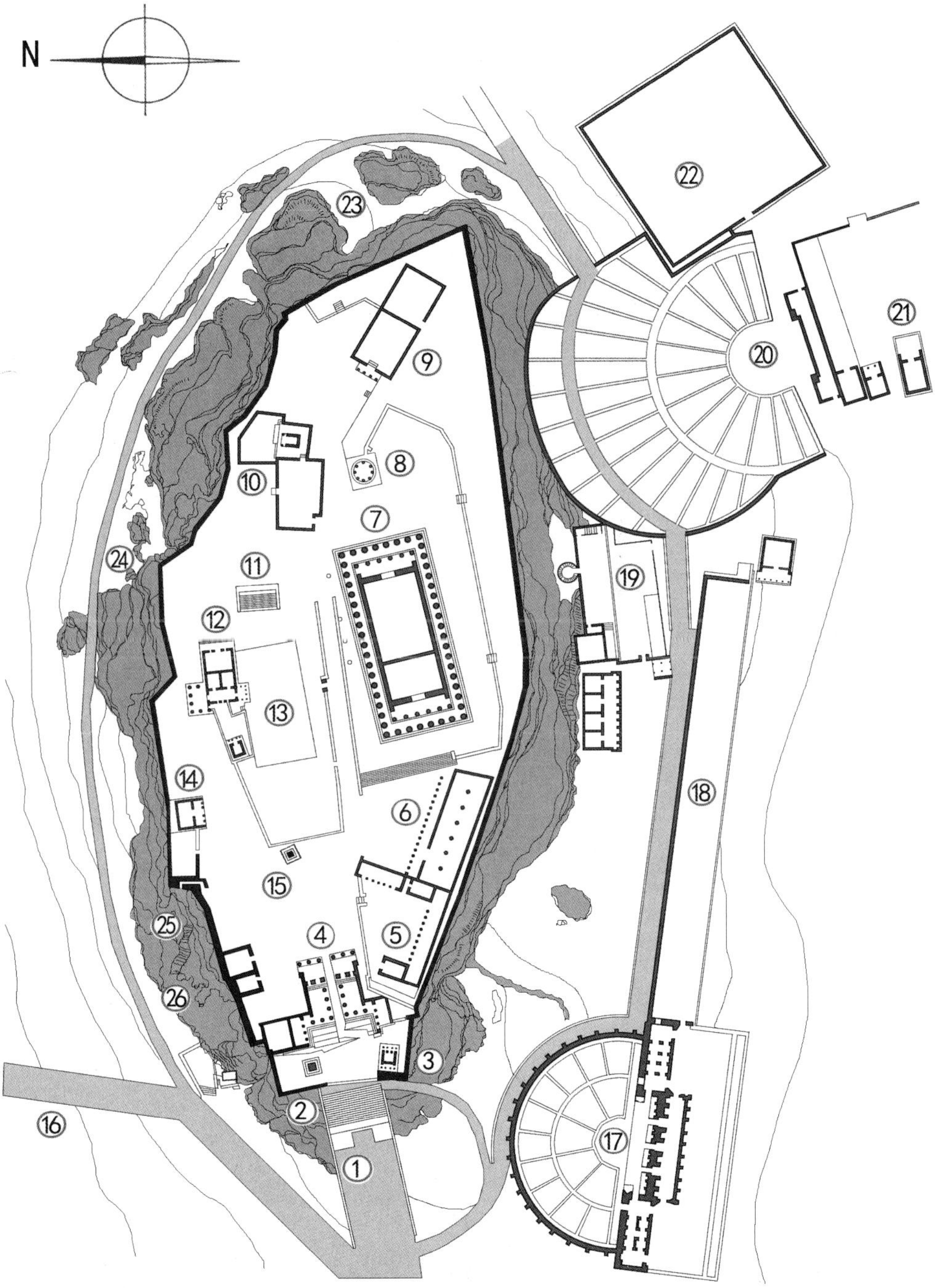

N

6-1-7 雅典卫城及周边建筑总平面

1- 进入卫城的入口（布雷之门）；2- 阿格里巴雕像基座；3- 胜利女神庙；4- 山门；5- 阿耳忒弥斯圣所；6- 青铜艺术品仓库；7- 帕特农神庙；8- 奥古斯都神庙；9- 潘狄翁一世圣所；10- 宙斯圣所；11- 雅典娜祭坛；12- 伊瑞克提翁神庙；13- 无翼雅典娜神庙遗址；14- 阿瑞封瑞翁；15- 雅典娜神像塑像；16- 雅典娜节日大道；17- 阿迪库斯剧场；18- 欧迈尼斯拱廊；19- 阿克勒庇昂神庙；20- 狄奥尼索斯剧场；21- 酒神狄奥尼索斯圣所；22- 伯里克利剧场；23- 阿革劳罗斯；24- 阿弗洛狄忒圣所；25- 迈锡尼喷泉；26- 宙斯洞穴、阿波罗洞穴、牧野洞穴

6-1-8　从西南方向俯视雅典卫城，远处的小山丘为利卡维多斯山

6-1-9	
6-1-10	6-1-11
	6-1-12

6-1-9 19世纪德国建筑师和画家利奥·冯克伦泽的一幅绘画，生动地表现出雅典卫城在伯里克利时代的面貌

6-1-10 从北侧远望雅典卫城

6-1-11 从东南方向望雅典卫城

6-1-12 雅典卫城北侧立面

6-1-13 6-1-15 6-1-14 6-1-16

6-1-13 从西北方向望雅典卫城
6-1-14 俯视雅典卫城东侧城墙
6-1-15 俯视今日布雷之门
6-1-16 今日布雷之门作为参观路线出口

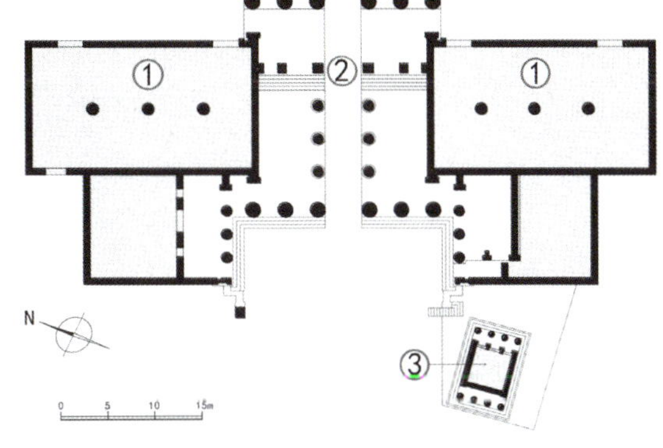

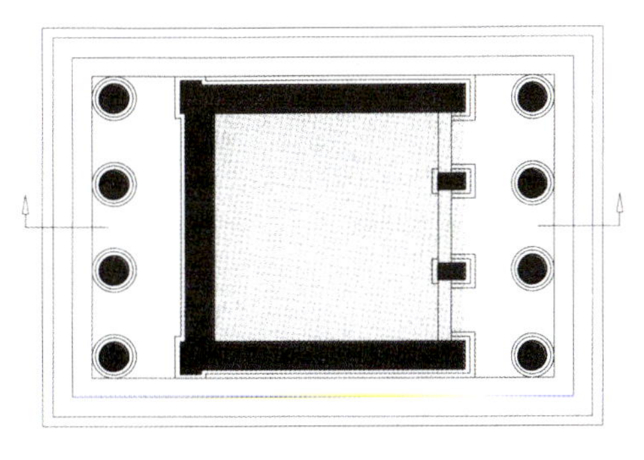

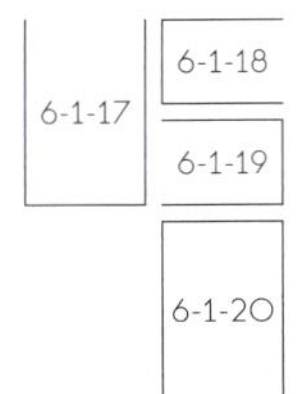

6-1-17 从雅典卫城西北转角处俯视雅典古集市

6-1-18 雅典卫城模型显示山门及坡道

6-1-19 雅典卫城山门与胜利女神庙平面

1- 雅典卫城山门；2- 穿越山门的坡道；3- 胜利女神庙

6-1-20 雅典卫城胜利女神庙

A- 平面；B- 剖面

6-1-21	6-1-22
6-1-23	6-1-24
6-1-25	

6-1-21 胜利女神庙透视

6-1-22 从西南方向仰视雅典卫城山门与胜利女神庙

6-1-23 从西北方向仰视雅典卫城山门与胜利女神庙

6-1-24 雅典卫城山门透视

6-1-25 从雅典卫城东端望卫城全景

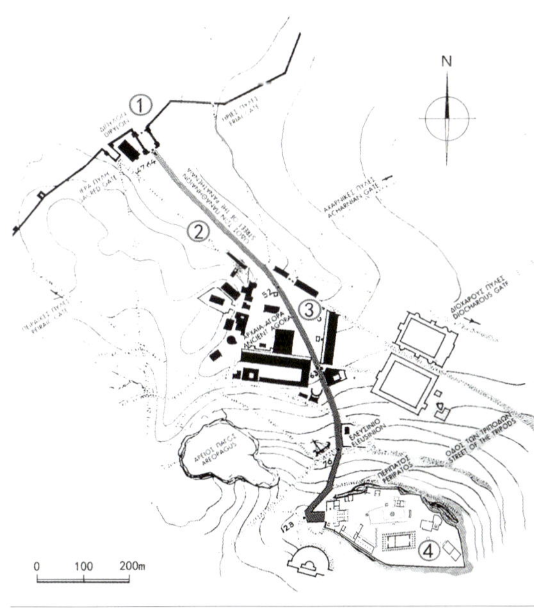

6-1-26	
6-1-27	6-1-28
	6-1-29

6-1-26 武士形象的雅典娜雕塑像复原想象图

6-1-27 通向雅典卫城的泛雅典娜节日大道平面示意

1- 泛雅典娜节日大道起点；2- 泛雅典娜节日大道路线；3- 泛雅典娜节日大道穿越古集市；4- 泛雅典娜节日大道终点在卫城东端的雅典娜祭坛

6-1-28 1805 年爱尔兰画家爱德华 · 多德韦尔绘制的雅典卫城

6-1-29 1821年爱德华 · 多德韦尔绘制的另一幅“雅典卫城前的建筑物”

6-1-30

6-1-31

6-1-32

6-1-30 1828年英国画家理查德·班克斯·哈拉登绘制的“雅典卫城下的人群”

6-1-31 1830年皮埃尔·佩尔蒂埃绘制的“雅典卫城遗址与奥斯曼的清真寺”

6-1-32 从雅典卫城俯视阿迪库斯剧场

6-1-33

6-1-34

6-1-33 从雅典卫城俯视狄奥尼索斯剧场舞台

6-1-34 从雅典卫城俯视狄奥尼索斯剧场侧面

6.2 帕提农神庙：古希腊建筑的典范

Parthenos: The Role Model of Architecture of Ancient Greece

兴建于公元前 5 世纪的帕提农神庙（Παρθενώνor Parthenon）是现存古希腊时代最重要的建筑物，既庄重又典雅，被认为是多立克柱式发展的顶峰、古希腊与雅典民主制度的象征。帕提农神庙正立面的各种比例、尺度一直被作为古典建筑的典范，柱式比例和谐，视觉校正技术运用纯熟，山花雕刻丰富华美，被誉为“世界美术之冠”。[48]

公元前 570—前 550 年，在今日帕提农神庙的位置上，最初兴建的是赫卡托巴恩神庙 (Hekatompedon Temple)，也称千座墙基庙，因为“Hekatompedon”的含义是“千座墙基”。公元前 490- 前 488 年，当雅典人战胜波斯人后，他们拆除了千座墙基庙，重建一座新庙，历史上称之为“古老的雅典娜神庙”（The Older Parthenon or Archaic temple of Athena），作为送给雅典守护神雅典娜女神的礼物，尽管当时已经尽心竭力地建造，毕竟是在战争胜利后的初期，财力受到限制，神庙的规模和质量并不很高。公元前 480 年，古老的帕提农神庙又被折返的波斯人摧毁，雅典人再次把波斯人逐出之后，迎来雅典的黄金时代，伯里克利重新建造了今日看到的帕提农神庙。[49]“帕提农”的希腊语为“παρθενών”，意思是“少女的”或“处女，未出嫁的女子”。

帕提农神庙在伯里克利时代的修复工作始于公元前 447 年，主体工程约在公元前 432 年完成，装修工程到公元前 431 年才完工。大部分古希腊神庙都曾用作金库，在伯罗奔尼撒战争期间，帕提农神庙也曾作为提洛同盟的金库，公元 6 世纪，帕提农神殿被用作天主教教堂，1460 年，帕提农神殿又被改成清真寺。1687 年帕提农神殿被土耳其军队当作火药库，堆积的火药不幸被威尼斯军队的火炮击中，引发的爆炸严重损毁了神殿主体与雕刻。近两个世纪以来，希腊政府对该神庙持续

㊽ 帕提农神庙（Parthenon）有多种中文译名，简明不列颠百科全书与网络均译为“帕台农神庙”，本书按照 1988 年出版的中国大百科全书建筑卷的译法。

㊾ Robin Francis Rhodes. Architecture and meaning on the Athenian Acropolis[M]. New York : Cambridge University Press, 1998，28-32.

进行修复工作，最近的一次修复工作自 1975 年开始，并且吸引了欧盟的资金和技术协助，修复工作至今仍在进行中。

伯里克利时代的帕提农神庙建在卫城内地势最高的地段，地基面积为 69.5m × 30.9m，长轴为东西向，入口朝东，神庙由 46 根多立克式柱四面环绕，长边方向每边 17 根，短边方向每边 8 根，柱的直径为 1.9m、高 10.4m，角柱的直径稍微大一些。多立克式柱没有柱础(base)，立柱直接安置在神庙的平台 (crepis or crepidoma) 上，平台中部有微妙向上起翘的曲度，使雨水可以向两侧排掉。有些立柱看似向外倾斜，实际上却是微微向内倾，而且高度一致。帕提农神庙立柱上部的收分曲线（ Entasis ）比早期神庙的收分曲线视觉效果明显。帕提农神庙柱式比例和谐，正立面的各种比例、尺度被作为古典建筑的典范，视觉矫正 (optical corrections) 技术运用纯熟，视觉矫正后的神庙更加庄严和雄伟。帕提农神庙内殿 (naos) 平面尺寸为 29.8m × 19.2m，两列多立克式柱作为主体结构撑起屋顶，菲迪亚斯以象牙和黄金塑造了巨大雅典娜神像，放置在帕提农神庙的内殿。

在雅典卫城新博物馆中，展出了伯里克利时代的帕提农神庙东、西两个山墙浮雕的复原作品。帕提农神庙东端山墙的雕刻叙述雅典娜的诞生，雅典娜是从他父亲宙斯的头部生出来的，根据希腊神话，宙斯是在会见火神赫菲斯托斯请求援助时，引发一阵骇人的头痛，为了减缓头痛，宙斯请赫菲斯托斯用铁锤敲他，敲下去后，宙斯的头裂开，从中出诞生出全身盔甲的雅典娜，菲迪亚斯在帕提农神庙东山墙上雕塑了这个过程。帕特农神庙西端山墙的雕刻描述雅典娜与波赛顿 (Poseidon) 之间为了争取成为雅典城市守护神的荣耀而战，雅典娜与波赛顿在雕塑布局的中央，女神雅典娜拥着橄榄树对抗高举三叉戟的海神波赛顿，在他们的身后，各领着一群由双轮战车带领的群众，充满神话的情节。伯里克利时代，菲迪亚斯完成的两组雕塑已经把神祇完全人性化了。与“古老的雅典娜神庙”山墙的雕塑完全不同，“古老的雅典娜神庙”不仅石材并非大理石，雕塑也较粗糙。古老的雅典娜神庙山墙以石灰石建造，左侧描绘大力英雄赫拉克勒斯与法螺大战 (Herakles fights against Triton)，右侧是有三个头的半人半神的守护神 (The Three headed Daemon)，均为令人恐怖的神话人物。

伯里克利时代的帕提农神庙檐部浮雕也极为珍贵，檐部雕刻是在菲迪亚斯统一指导下完成的。檐部浮雕总长 160m，高 1m，浮雕向外突出 5.6cm，雕刻中包括 378 个人物形象和 245 个动物形象，工程浩大。[50] 檐部浮雕由 114 块矩形檐部浮雕块组成，檐部浮雕块两侧有三竖线花纹，南、北立面的檐部浮雕均为由西向东

---

[50] Jenifer Neils. The Parthenon frieze[M]. Cambridge ; New York : Cambridge University Press, 2001:33.

的行进队伍，队伍由西南角开始，两支队伍汇集在东侧，东侧的人物形象相对密集，有 63 个人物形象，包括神祇和妇女。帕提农神庙檐部浮雕的内容没有明确的结论，有人认为是描述伯里克利时代雅典的胜利 (Victories of Athens in the time of Pericles)，因为场景中确有战争场面，但是正统的观点认为檐部浮雕是描述“雅典娜节日游行”(Greater Panathenaic procession)。

帕提农神庙的檐部浮雕大部分藏在伦敦的大英博物馆，少量在雅典卫城博物馆，2011 年我有幸在大英博物馆目睹真迹，帕提农神庙真迹几乎占据了大英博物馆的一个大厅。遗憾的是当时尚未对古希腊的建筑进行研究，未能精心选照，在此仅贡献 3 张，一张显示大英博物馆中大量、连续的檐部浮雕的片断，另外两幅之一是描述希腊神话中半人半马的怪物（centaur）践踏古希腊的拉庇泰族人（Lapiths），怪物抓住受害者的头发，受害者抓住地上的一块石头，试图做最后的反抗，形象生动，另一幅是刻画逼真的马头像，战马曾经历了一夜的劳动，状态疲惫。

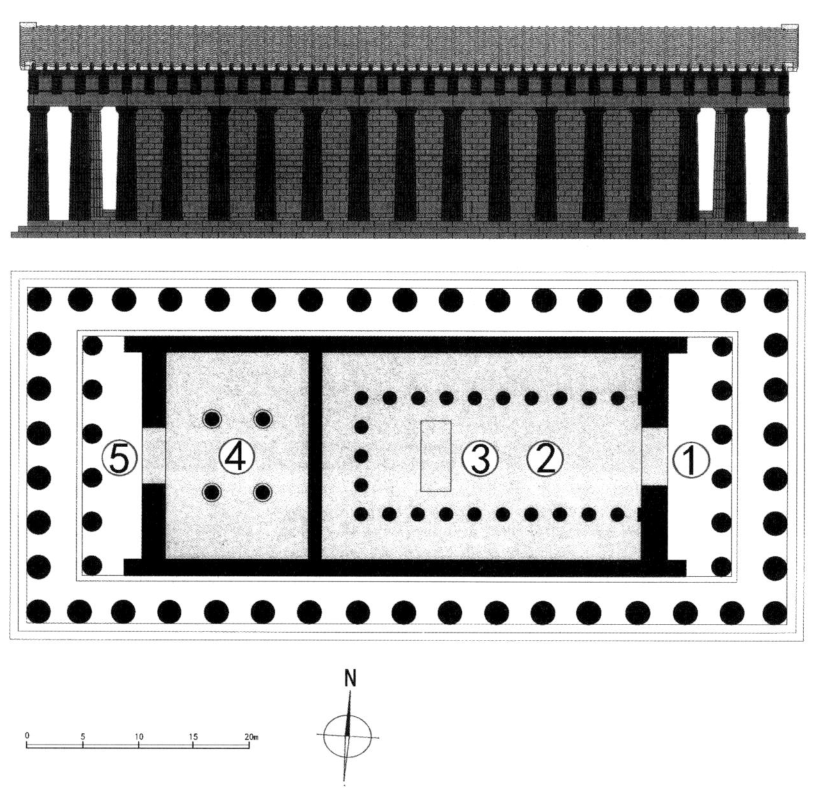

6-2-1 帕提农神庙的平面（下）和南立面（上）
1- 东门厅；2- 内殿；3- 雅典娜的塑像；4- 童贞厅；5- 西门厅

6-2-2	6-2-3
6-2-4	6-2-5
6-2-6	6-2-7

6-2-2 从卫城入口处望帕提农神庙
6-2-3 帕提农神庙东立面
6-2-4 从东南方向透视帕提农神庙
6-2-5 帕提农神庙南侧透视
6-2-6 帕提农神庙东北方向透视
6-2-7 帕提农神庙北侧的地面

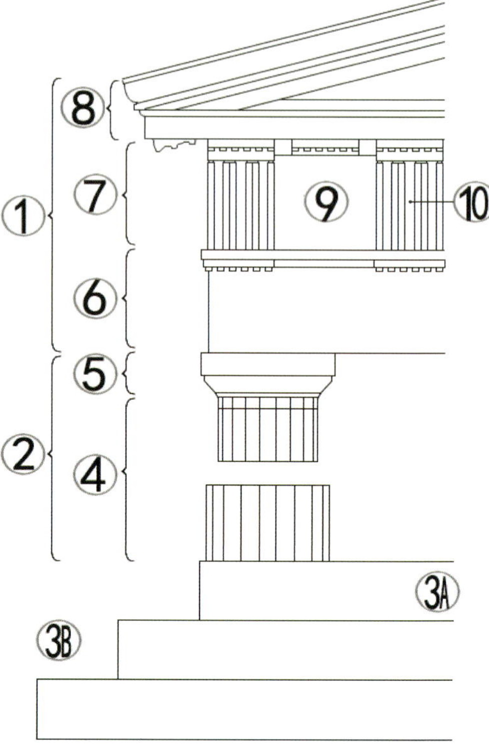

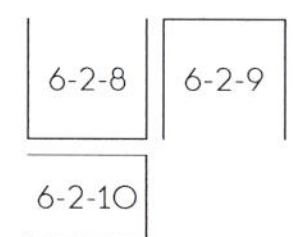

6-2-8 帕提农神庙檐部转角

6-2-9 多立克柱式术语

1- 檐部（entablature）; 2- 圆柱（column）
3A- 台基(stylobate);3B- 梯形基座(crepidoma);
4- 柱身（shaft）; 5- 柱头（capital）;
6- 额枋（architrave）; 7- 檐部浮雕带 (frieze) ;
8- 檐口 (cornice) ; 9- 檐部浮雕块 (metope) ;
10- 三竖线花纹 (triglyph)

6-2-10 帕提农神庙东山墙北端细部雕塑

6-2-11
6-2-12
6-2-13

6-2-11 帕提农神庙东山墙南端细部雕塑，描绘从马车脱缰的马

6-2-12 帕提农神庙西山墙雕塑，描述雅典娜与波赛顿为争取成为雅典守护神之争

6-2-13 帕提农神庙西山墙雕塑中间部分细部

6-2-14
6-2-15
6-2-16

6-2-14 帕提农神庙东山墙雕塑中间部分，叙述雅典娜的诞生

6-2-15 古老的雅典娜神庙山墙雕塑

6-2-16 古老的雅典娜神庙山墙右侧的雕塑，描绘3头的半人半神的守护神

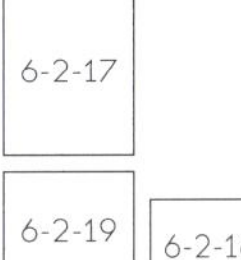

6-2-17 帕提农神庙内殿中的雅典娜塑像复原想象图

6-2-18 帕提农神庙内殿中的雅典娜塑像与屋顶结构示意

6-2-19 帕提农神庙北侧檐部浮雕，显示青年人扛着大水罐献给雅典娜

6-2-20

6-2-21

6-2-22

6-2-20 大英博物馆中大量、连续的檐部浮雕的片断

6-2-21 希腊神话中半人半马怪物践踏拉庇泰族人

6-2-22 刻画逼真马头像

6.3 伊瑞克提翁神庙的创造性

The Creativity of Erechtheion

伊瑞克提翁神庙 (Erechtheion or Erechtheum) 位于雅典卫城内北侧的一片高低不平的地段上，建于公元前 421 年至公元前 406 年，伊瑞克提翁神庙并不是古希腊神庙的典型，是由于特定的功能需要和特定的地形条件下形成的造型复杂的建筑综合体。伊瑞克提翁神庙由神庙主体和南、北、东 3 个柱廊组合而成，神庙主要供奉希腊的保护神雅典娜和海神波赛顿。伊瑞克提翁的取名源于古希腊神话中的雅典国王埃瑞克修斯 (Erechtheus)，荷马在古希腊描写特洛伊战争的英雄史诗《伊利亚特》中曾提到这位伟大的国王。伊瑞克提翁神庙主入口朝东，入口处有 6 柱式爱奥尼式门廊，内殿是供奉雅典娜的圣所，北柱廊内是波赛顿圣所，北柱廊和南柱廊之间的内殿是埃瑞克修斯和波赛顿的圣所 (Sanctuary of Erechtheus-Posidon)，通过埃瑞克修斯和波赛顿圣所可以进入赫菲斯托斯圣所 (Sanctuary of Hephaestus) 或波特斯圣所 (Sanctuary of Boutes)。波特斯是埃瑞克修斯的弟弟，赫菲斯托斯是火神，也是手艺异常高超的铁匠之神，伊瑞克提翁神庙的功能照顾到多方面的神祇。伊瑞克提翁神庙西侧内殿的功能似乎有不同的解读，或许是由于功能的不断改变。伊瑞克提翁神庙西侧还有一处潘朵席翁圣所（Pandroseion）遗址和一棵橄榄树，潘朵席翁（Pandroseum）是传说中雅典的第一任国王凯克洛普斯的女儿，也是灶台的保护神（protector of the hearth）。雅典娜圣所北侧墙外还有一座宙斯祭坛，在通向北柱廊的路上可以见到宙斯祭坛的遗迹。

伊瑞克提翁神庙西南转角处的少女像柱廊（Caryatids）最具特色，6 尊大理石雕刻成的少女像柱代替了爱奥尼式柱，充分体现了建筑师的智慧，少女像柱的少女长裙束胸，头顶千斤，亭亭玉立，在大面积实墙衬托下，分外醒目。为了避免少女颈部太粗，建筑师给每位少女颈后设计了一缕浓厚的秀发，头顶上又增加一盆花篮，创造性地解决了建筑美学上的难题，令人钦佩。6 根少女像柱中有 5 根收藏在新卫城博物馆，另一根在大英博物馆，我们在现场看到的少女像柱均为复制品。[51]

---

[51] 据说伊瑞克提翁神庙所在的位置是传说中雅典娜女神和海神波赛顿争做雅典保护神而进行斗智的地方，少女像柱廊下便是神话中雅典的始祖、阿提卡地区的国王凯克洛普斯的墓地。

关于女像柱构思的来源在维特鲁威的著作《建筑十书》中有特殊的解释，维特鲁威认为那几个女像柱代表的是从战败城邦掳来的女奴隶，这种解释似乎令人不太愉快，美妙的雕塑作为一种凌辱战败国妇女的手段，令人不解，或许我们今日很难理解奴隶社会人们的思维。[52]

伊瑞克提翁神庙复杂的建筑体型与地形巧妙结合也具有创造性，供奉雅典娜的圣所与赫菲斯托斯圣所虽然只有一墙之隔，地面高差却有 4m，南、北两个柱廊也不在同一标高，为神庙西立面的处理增加了一些困难。女像柱下面曾经是雅典首任国王凯克洛普斯的陵墓，今日仍可看到在南侧少女像柱廊下方还有支柱。南、北两个柱廊风格完全不同，北柱廊为爱奥尼式门廊，柱高 7.63m，直径 0.82m，高细比约为 1 ∶ 9，显得很窈窕。北柱廊与东侧主入口门廊虽风格一致，地面高差也有 4m，但是，总体上仍然觉得彼此很和谐。

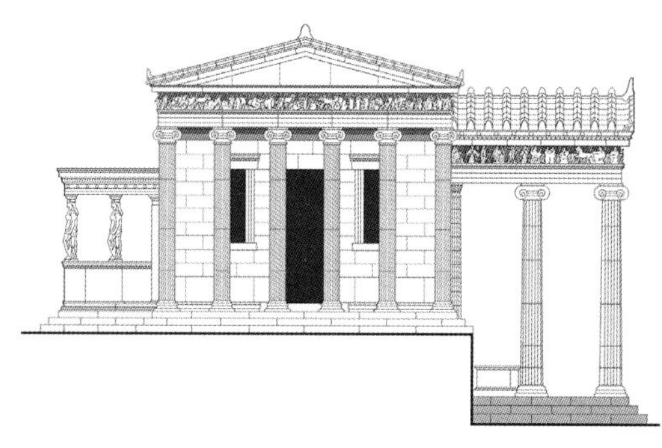

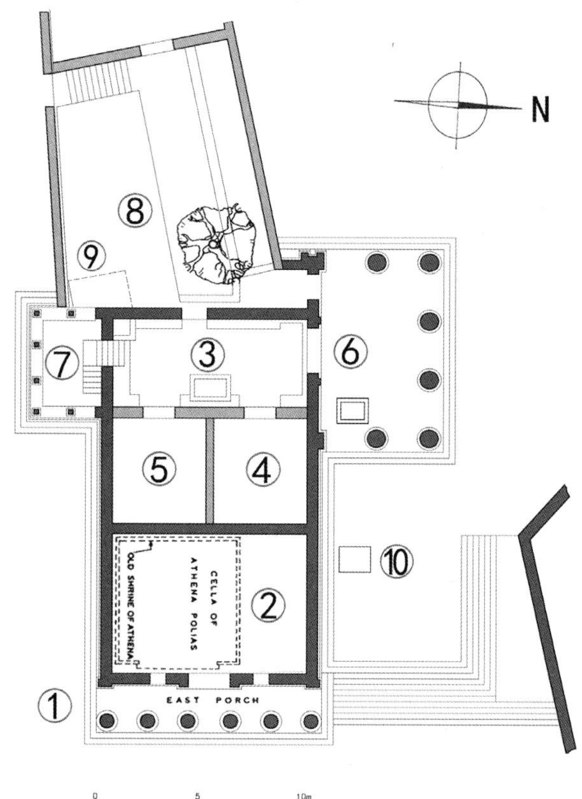

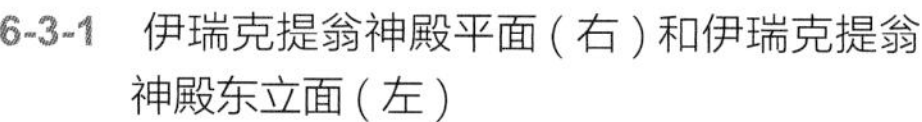

6-3-1 伊瑞克提翁神殿平面（右）和伊瑞克提翁神殿东立面（左）

1- 门廊；2- 雅典娜圣所；3- 波特斯圣所 (Sanctuary of Athens)；4- 赫菲斯托斯圣所；5- 埃瑞克修斯 - 波赛顿圣所；6- 北柱廊内波赛顿圣所；7- 少女像柱廊；8- 潘朵席翁圣所遗址；9- 刻克洛普斯的陵墓；10- 宙斯祭坛

[52] Vitruvius, translated by Morris Hicky Morgan. The Ten Books on Architecture[M].New York: Dover Publications,Inc.,1914:6–7.

6-3-2 从雅典卫城东端望伊瑞克提翁神殿主入口

6-3-3

6-3-4 | 6-3-5

6-3-3 从雅典卫城入口望伊瑞克提翁神，前面是无翼雅典娜神庙遗址

6-3-4 伊瑞克特翁神庙西侧透视

6-3-5 伊瑞克特翁神庙东侧透视

6-3-6

6-3-7 | 6-3-8

6-3-6 伊瑞克特翁神庙西侧透视，南侧少女像柱廊下方有支柱

6-3-7 伊瑞克特翁神庙东北转角门廊透视

6-3-8 仰视伊瑞克特翁神庙东门廊爱奥尼式柱

6-3-10

6-3-9 | 6-3-12

6-3-11

6-3-9 伊瑞克特翁神庙东侧门廊内石砌隔墙

6-3-10 仰视伊瑞克特翁神庙东门廊爱奥尼式柱头

6-3-11 从伊瑞克特翁神庙东北转角处俯视北柱廊，图中左下方有宙斯祭坛

6-3-12 从伊瑞克提翁神庙东侧望北门廊

6-2-13	6-2-14
6-2-15	6-2-17
6-2-16	

6-3-13 伊瑞克提翁神庙东门廊柱础

6-3-14 仰视伊瑞克提翁神庙东门廊顶板

6-3-15 伊瑞克提翁神庙南侧少女像柱廊

6-3-16 伊瑞克提翁神庙南侧大面积实墙衬托下的少女像柱廊

6-3-17 伊瑞克提翁神庙南侧少女像柱廊透视

6-3-18 建筑师给少女像柱廊的每位少女颈后设计了一缕浓厚的秀发，头顶上又增加一盆花篮

6.4 雅典城邦的古集市及其他古迹

The Ancient Agora and Historic Sites of Athens

雅典城邦的古集市（Agora）既是市民的生活中心，又是政治中心和宗教活动中心，伯里克利时代的雅典市民既可以在集市中购物、交往，又可以在集市的广场中聆听哲学家的演讲和参加辩论，泛雅典娜节日大道穿越古集市的广场，更加提高了集市在城市中的地位。古集市中的建筑物不仅变化很多，而且大部分均被破坏，其中两处保存较好，一处是赫菲斯托斯神庙 (Temple of Hephaestus)，另一处是阿特洛司柱廊 (Stoa Attalou)。

赫菲斯托斯神庙供奉古希腊神话中的火神和铁匠之神赫菲斯托斯，神庙位于雅典古市集西北侧市场山（Agoraios Kolonos）的山顶，神庙四周由多立克柱围绕，建筑年代与帕提农神庙同时。从 7 世纪到 1834 年，它曾被用为希腊东正教的圣乔治教堂，1833 年 2 月 2 日，在庆祝希腊国王奥托一世抵达期间，举行最后一场弥撒。1834 年，奥托一世下令将其改作博物馆，1934 年又改为纪念性古建筑，作为学术研究对象。

阿特洛司柱廊是帕加马 (Pergamon) 国王阿塔罗斯二世（Attalos II, 公元前 157—前 138 年）下令建造的，今日看到的柱廊是由洛克菲勒家族 (Rockefeller family) 投资，经美国建筑师依据 19 世纪考古发掘的复原资料，于 1952-1956 年重新设计、修建。阿特洛司柱廊现已作为古集市的博物馆 (Museum of the Ancient Agora)。阿特洛司柱廊为两层的建筑物，长 112m、进深约 19.5m、高 11.4m，楼层和屋顶均为木结构。上下两层均有双排柱廊，内侧有 20 余间房间，作为展室。一层柱廊外侧为陶立克式柱，内侧为爱奥尼克式柱，内侧柱距是外侧柱距的两倍，二层的内外柱均为爱奥尼克式柱。

奥林匹亚宙斯神庙 (The Temple of Olympian Zeus) 是雅典城著名的古建之一，也是古希腊最大的神庙之一，神庙位于雅典卫城东南方向，依里索斯河畔一处广阔平地的正中央，环境幽雅，曾经是古希腊的宗教中心。古罗马的哈德良皇帝时代，为了扩大雅典城规模，将城墙向外扩展，才把宙斯神庙纳入城内。宙斯神庙建于公元前 470—前 456 年，由古希腊建筑师利本（Libon）设计，宙斯神像是雕刻家菲狄亚斯的作品。公元前 86 年，罗马指挥官苏拉 (Sulla) 攻占雅典，破坏了尚未建成的宙斯神庙，并将一部分石柱和其他建材拆下运到罗马，直到公元 2 世纪、罗马皇帝哈德良在位时，宙斯神庙才最终建成。奥林匹亚宙斯神庙长 107.75m、宽 41m，共有 104 根大理石科林斯柱，石柱高达 17.25m，顶端直径 1.3m。今日在奥林匹亚宙斯神庙遗址上仅能看到 15 根立柱和 16 根倒在地上的石柱，以象牙和黄金塑造，高达 12m 的宙斯塑像早已不知去向，只能通过断壁残垣来想象当时的辉煌。

距奥林匹亚宙斯神庙不远处耸立着哈德良拱门（Hadrian's Arch），哈德良拱门是公元 131 年为庆祝哈德良皇帝视察雅典以及他为城市做出的贡献而建造的凯旋门。古罗马时代的哈德良拱门将雅典市区分成新、旧两区，拱门以东为哈德良皇帝扩建的新市区，拱门以西是雅典的古市区。哈德良拱门高 59m、宽 41m、厚 7.5m，哈德良拱门虽不雄伟，但风格清新、雕刻精美，如今哈德良拱门仍旧是进入雅典的象征性大门。[53]

在从古集市通向雅典卫城的路上，靠近狄俄尼索斯剧场的小花园内有一座列雪格拉德纪念亭（Monument of Lysikrates），纪念亭是公元前 334 年雅典富商列雪格拉德投资兴建，为了纪念由他扶植起来的合唱队在酒神节比赛中获得胜利。纪念亭的方形基座边长 2.9m、高 4.77m，基座上立着高 6.5m 的实心圆亭，圆亭四周有 6 根科林斯式壁柱。圆亭顶部是一块完整大理石雕成的穹顶，穹顶上立着奖杯，檐壁刻有浮雕，描绘酒神狄奥尼索斯海上遇盗，并把海盗变成海豚的故事。纪念亭的基座和圆亭各有完整的台座和檐部，方形基座的简洁厚重与圆亭的华丽轻巧形成对比，从而产生稳定与优美感。列雪格拉德纪念亭是希腊建筑中首先在建筑物外侧使用科林斯柱式的范例。

雅典城内还有两处具有历史意义的地方，一处是亚勒贝哥斯岩石 (The Rock of Areopagos)，另一处是普拉卡 (Plaka) 历史街区。相传，亚勒贝哥斯岩石是昔日耶稣的弟子、传教士保罗（Paul）在雅典向人们传教所站的地方，岩石上镶入的纪念牌刻录了他讲话的内容，今日是一处欣赏雅典城市风景的最佳之地，从这里会看到古集市、普拉卡历史街区以及雅典的大部分市区。

---

[53] 哈德良是罗马帝国安敦尼王朝的第三位皇帝，罗马五贤帝之一，公元 117–138 年在位。哈德良是一位博学多才的皇帝，他具有艺术家的气质，他的诗篇、建筑设计、生活方式都体现了这一点。哈德良被认为在很多方面都走在时代前列，同时代的人称赞他“友善而不失威严、严肃而不失风趣、节俭而不失慷慨、多才多艺而又追求变化”。哈德良拱门的建筑风格应当是哈德良本人确定的，从哈德良拱门的设计方案可以看出哈德良的创新精神。

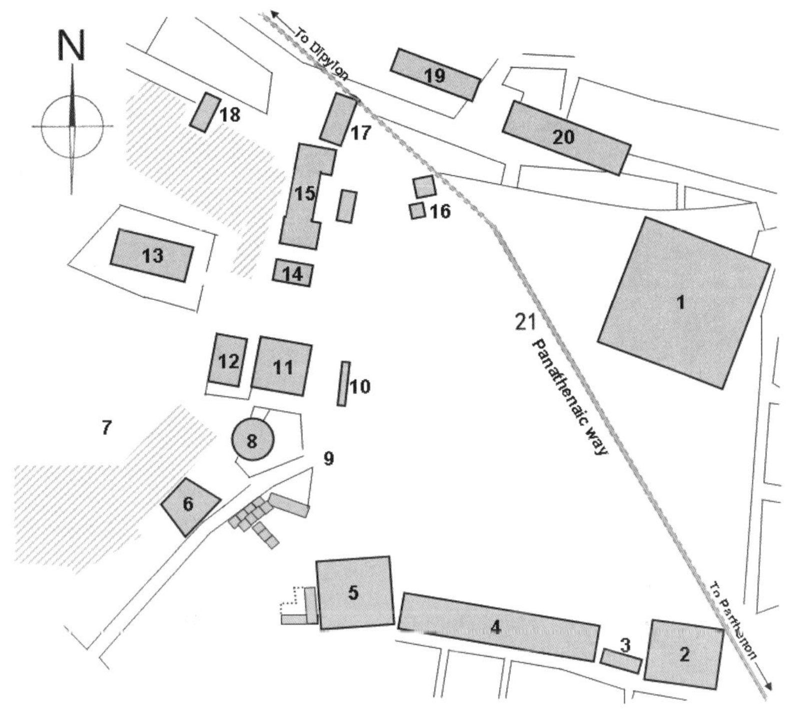

6-4-1
6-4-2

6-4-1 公元前 5 世纪雅典城邦古集市平面布局示意

1- 柱廊围绕的法院；2- 铸币厂；3- 泉水屋；4- 南柱廊；5-Aiakeion；6- 代表会议室；7- 市场山；8- 圆形会场；9- 集会石；10- 齐名英雄纪念碑；11- 自然女神庙；12- 新议事厅；13- 赫菲斯托斯神庙；14- 阿波罗神庙；15- 宙斯柱廊；16- 十二神祭坛；17- 皇家柱廊；18- 阿芙洛狄特维纳斯神庙；19- 赫尔墨斯柱廊；20- 画廊；21- 泛雅典娜节日大道

6-4-2 雅典的古集市复原模型

6-4-3	**6-4-3** 从雅典卫城俯视古集市的赫菲斯托斯神庙（左）
6-4-4	**6-4-4** 从雅典卫城俯视古集市的阿特洛司柱廊（右）

6-4-5 从古集市望雅典卫城

6-4-6 俯视古集市的赫菲斯托斯神庙

6-4-7 雅典城邦古集市的赫菲斯托斯神庙平面

6-4-8 古集市的赫菲斯托斯神庙透视

6-4-9	6-4-10
6-4-11	
6-4-12	

6-4-9 仰视赫菲斯托斯神庙西立面山墙

6-4-10 透视赫菲斯托斯神庙东西向中轴线

6-4-11 赫菲斯托斯神庙檐口雕塑细部

6-4-12 19 世纪安德里亚 · 加斯帕林的绘画作品，描绘赫菲斯托斯神庙前的日常活动

6-4-13	6-4-15
6-4-16	6-4-17
6-4-14	

6-4-13 爱德华 · 多德韦尔的绘画作品，描绘雅典卫城下的穆斯林大集市

6-4-14 俯视阿特洛司柱廊

6-4-15 阿特洛司柱廊透视

6-4-16 从东侧透视阿特洛司柱廊

6-4-17 从雅典卫城上俯视奥林匹亚宙斯神殿

6-4-18	6-4-19
6-4-20	6-4-21

6-4-18 远望奥林匹亚宙斯神殿

6-4-19 奥林匹亚宙斯神殿透视

6-4-20 哈德良拱门立面

6-4-21 哈德良拱门透视

6-4-22	6-4-23
	6-4-24
6-4-25	6-4-26

6-4-22 列雪格拉德纪念透视

6-4-23 从雅典卫城上俯视亚勒贝哥斯岩石

6-4-24 雅典普拉卡街区的商业小街左侧是古集市

6-4-25 普拉卡街区保护完好的古建筑

6-4-26 普拉卡街区内的传统民居

6-4-27 雅典的重要古迹分布图

1- 雅典卫城；2- 雅典古集市；3- 普拉卡历史街区；4- 奥林匹亚宙斯神庙；5- 哈德良拱门；6- 新卫城博物馆

7 林佐斯卫城：罗德岛上的城邦卫城

The Acropolis of Lindos:The Acropolis of a City State on the Island of Rhodes

林佐斯 (Lindos) 是罗得岛东部沿海小镇，与罗得市相距约 60km。相传早在新石器时代便有人在林佐斯卫城居住，林佐斯曾经作为罗得岛的首府，是组成罗得岛的 3 个城邦之一，林佐斯在历史上曾拥有过强大的海上力量，据说在特洛伊战争中，有 9 艘战船来自林佐斯。公元前 7 一前 6 世纪，林佐斯达到了它的黄金时期，当时它不但拥有自己的殖民地，而且控制了大部分的地中海贸易。公元前 408 年罗得岛 3 城邦的结盟削弱了林佐斯作为政治和军事中心的地位，但是直到 19 世纪，林佐斯仍然是条件优越的军事要地。

林佐斯卫城位于高 116m 的三角形巨大岩石顶端，面临大海，风景壮观，卫城始建于公元前 6 世纪中期，卫城最初的布局是古希腊的克利奥布拉斯 (Kleoboulos) 统治时期确定的，此后，首先在卫城的最高处建造了第一座石头庙，可能也建造了城堡和通向神庙的台阶，这种状况持续了两个世纪。[54] 林佐斯卫城的雅典娜林迪亚圣殿 (Sanctuary of the Athena Lindia) 建于公元前 9 世纪，有些学者认为始建于更早的迈锡尼时期。据林佐斯地方志记载，公元前 392 年，雅典娜林迪亚圣殿曾遭受火灾，公元前 300 年重建，成为总体布局的重要圣地，林佐斯卫城在此后的希腊化时期完成。公元前 3 世纪中期又建造了卫城山门和纪念性的台阶。公元前 3 世纪末，又增建了 Π 形的柱廊，丰富了卫城的建筑空间。在古罗马时期、拜占庭时期、中世纪骑士时代和奥斯曼帝国时期均持续建造城堡，现在保存完好的城堡是中世纪骑士时代修建的。

林佐斯村 (Lindos village) 或称林佐斯小镇在卫城脚下，据神话传说：林佐斯村是公元前 1000 年由宙斯的一位圣子建立的，事实上是古希腊的多里安人建立的，中世纪进一步得到发展，现在的常住人口约 700 人，旅游季节可达 2000 人或更多，成为希腊重要的旅游胜地。林佐斯村建在山坡上，村内道路曲折，白色的住宅配合铺着鹅卵石的步行小路，风格统一。

---

[54] 克利奥布拉斯 (Kleoboulos or Cleobulus) 被认为是古希腊七贤人之一，他是林佐斯本地人，希腊的历史家普鲁塔克 (Plutarch) 把他称作“僭主”或林佐斯的皇帝。

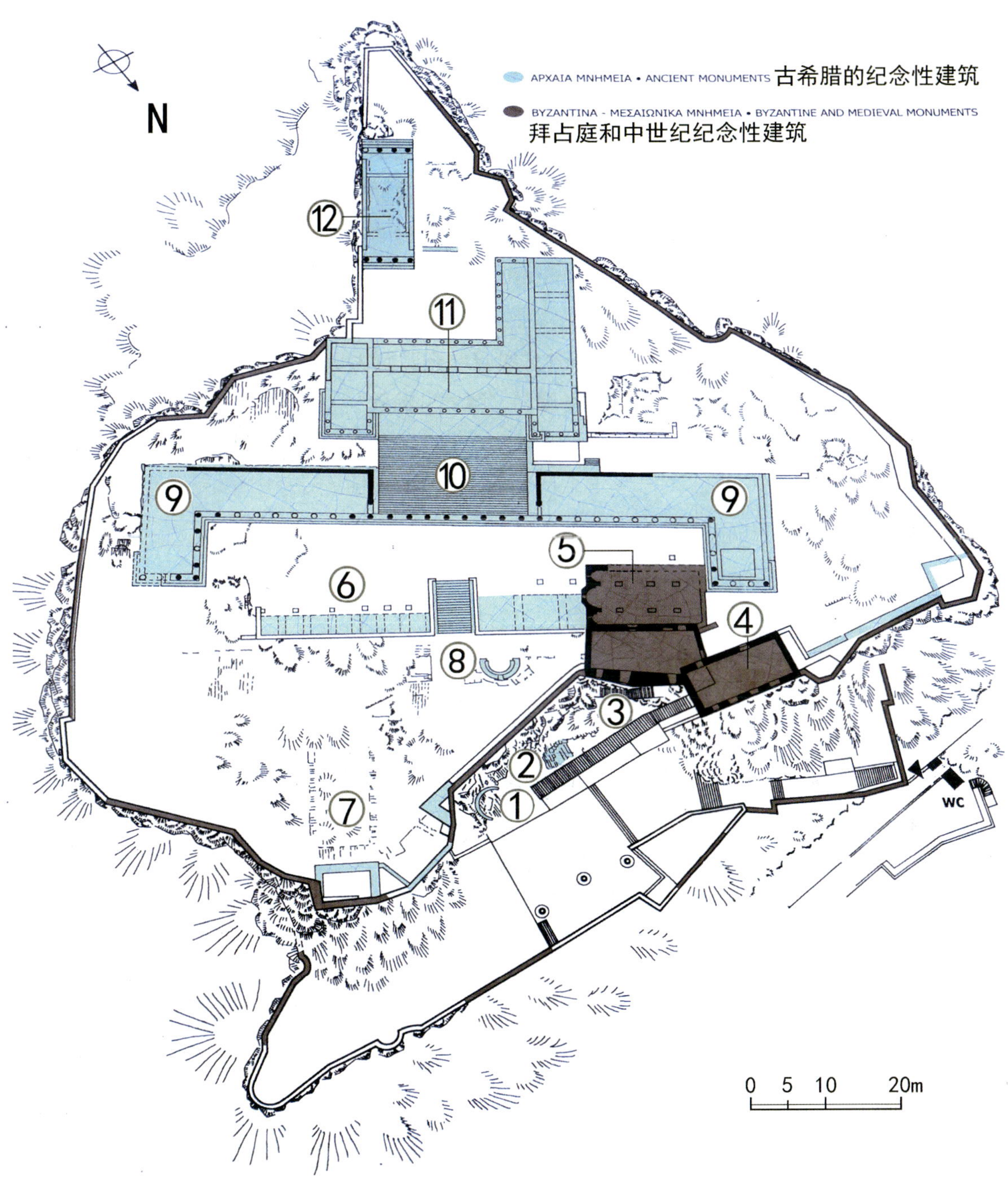

7-1 林佐斯卫城总平面

1- 半圆形的龛座；2- 救济船；3- 中世纪台阶；4- 中世纪指挥部与卫城入口；5- 拜占庭教堂；6- 希腊风格的拱顶；7- 罗马神庙；8- 希腊风格的台阶；9- 希腊风格的柱廊；10- 山门台阶；11- 山门；12- 雅典娜林迪亚神殿

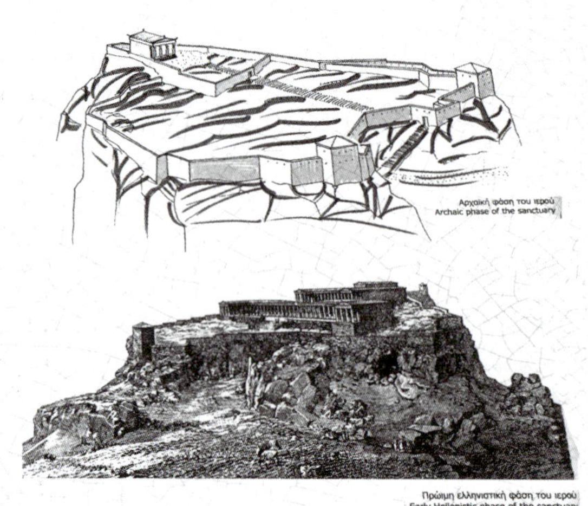

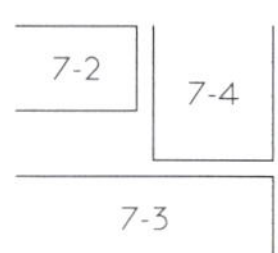

7-2 公元前 6 世纪末的林佐斯卫城（上）与公元前 3 世纪末的林佐斯卫城（下）复原想象图

7-3 远望林佐斯卫城

7-4 通向林佐斯卫城入口的大台阶

7-5

7-6

7-5 林佐斯卫城入口

7-6 从林佐斯卫城入口俯视入口前的广场与海景

7-7	7-8
7-9	7-10
7-11	

7-7 仰视林佐斯卫城入口顶部

7-8 穿越林佐斯卫城入口的门洞

7-9 林佐斯卫城入口下靠崖壁处的半圆形祭坛

7-10 沿着林佐斯卫城内东侧城墙走向雅典娜林迪亚神殿

7-11 林佐斯卫城的多立克柱式的雅典娜林迪亚神殿

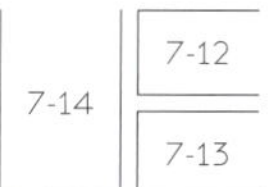

7-12 从雅典娜林迪亚神殿远望海景

7-13 俯视林佐斯卫城的山门

7-14 林佐斯卫城山门前的柱廊（右）

7-15 从北侧望林佐斯卫城山门前的柱廊与希腊风格的大台阶

7-16	7-17
7-18	7-19
7-20	7-21

7-16 从山门前的柱廊内望拜占庭教堂与海景
7-17 林佐斯卫城内的拜占庭教堂
7-18 从山门前的柱廊与拜占庭教堂间望海景
7-19 从山门前的大台阶上望柱廊与海景
7-20 从林佐斯卫城内北侧远望山门及其加固的基座
7-21 林佐斯卫城的城墙与悬崖陡壁

7-22	7-23
7-24	7-25

7-22 从林佐斯卫城上俯视林佐斯村

7-23 从林佐斯卫城上俯视林佐斯村的小广场

7-24 从林佐斯卫城上俯视林佐斯村的教堂

7-25 从林佐斯村的小街望卫城

7-26	7-27
	7-28

7-26 林佐斯村的街景

7-27 林佐斯村小街的空间分割

7-28 林佐斯村小街的店铺

7-29

7-30

7-31

7-29 通向林佐斯卫城路边的摊贩

7-30 林佐斯村滨海游泳区

7-31 林佐斯卫城山坡的露天剧场遗址

7-33

7-32

7-32 俯视林佐斯村滨海景观

7-33 远望林佐斯卫城与林佐斯村

8 古希腊的雕塑与绘画
Sculptures and Paintings of Ancient Greece

8.1 古希腊的雕塑

Sculptures of Ancient Greece

西方雕塑艺术发展过程中，古希腊雕塑占有非常重要的地位，从新石器时期的基克拉迪（Cyclades）抽象艺术到古典时期的写实艺术，古希腊雕塑始终领导着西方雕塑艺术的发展。希腊古典时期的雕塑是理想主义的艺术作品，强调共性和典雅，以外在的形式表现内在的力量。古希腊悠久的神话传说是古希腊雕塑艺术的源泉，也是古希腊雕塑的题材，是希腊人对自然与社会的美好幻想，他们相信神与人具有同样的形体与性格，因此，古希腊雕塑参照人的形象来塑造神的形象，并赋予更理想更完美的艺术形式。希腊雕塑的发展可分为 5 个阶段：即史前期与青铜时期（Prehistoric and Bronze Age，公元前 70—前 12 世纪）、荷马时期 (Homeric period，公元前 12—前 8 世纪)、古风时期 (Archaic period，公元前 8—前 6 世纪)、古典时期 (Classical period，公元前 5—前 4 世纪) 和希腊化时期 (Hellenistic period，公元前 334—前 30 年)。

基克拉迪的抽象雕塑：古希腊艺术的起点

基克拉迪的抽象艺术是爱琴海基克拉迪群岛上的一种新石器时代晚期和早期青铜时代文化，约从公元前 3200—前 2000 年。基克拉迪的抽象艺术作品以白色的帕罗斯岛大理石（Paros marble）雕塑的女性人物雕像著称，人物雕像多发现于墓葬之中，大部分是女性裸体立像，造型简洁，高度从几厘米至真人大小不等，这些人物雕像的文化意涵至今尚不能完全确定，据说前卫派雕塑家巴勃罗·毕加索（Pablo Picasso，1881-1973 年）和亨利·摩尔（Henry Moore，1898—1986 年）的创作灵感均源自基克拉迪的抽象艺术。

根据考古发掘和研究，基克拉迪文明时代以农耕和渔猎相结合的生产、生活方式为主。由于爱琴海区有利的地理位置，基克拉迪群岛一度控制爱琴海贸易的海上霸权。活跃的商贸活动为该地区居民带来巨大财富，为地区文明发展提供了必要的物质基础，考古工作还发现，基克拉迪文明时代已经出现了冶炼和制作青铜器的作坊。从大量墓葬群的分布情况分析，基克拉迪文明时代已经出现了比较成熟的早期居住区，但是居住区的规模较小，约千人左右。集中的建筑群遗址表明，当地已经形成了较为规范的建筑模式，即矩形的建筑平面设计，建筑材料多为石材，每户住宅约有 2~5 间房屋。

基克拉迪的抽象雕像在今天看来似乎只是一种艺术创作，在 4000 年前的基克拉迪时代却是非常严肃的祭品，被认为是一种崇拜物或偶像（Idols），他们不是用来愉悦人类的消费品而是献给神祇的祭品，他们的抽象形态不是因为是否具有美感而是与当时的宗教习俗密切相关，或许可以认为是一种“有意味的形式”。今日偶像身上曾经附着的宗教意义已经被忽视，我们只能单纯地从形式美的角度去欣赏他们，他们的真正含义有待进一步探索，这就是古代艺术品的魅力所在。

最突出的一座白色大理石小雕塑被人们称为《竖琴演奏者》（Harp Player），出土于克罗斯岛（Keros），制作于公元前 2000 年，现藏于雅典的国家考古博物馆。另一座最简约的大理石小雕塑，高 27cm，被称为《女人的头像》，制作于公元前 2300 年，出土于阿莫尔戈斯（Amorgos），现藏于巴黎的卢浮宫。

克里特与迈锡尼的雕塑

克里特时期最早的石雕和基克拉迪抽象雕像的风格相似，抽象的人物形象并不显示性别和人物的表情，身体的某些部分特意夸张，一般作为纪念品，此后，克里特的雕塑在继承基克拉迪抽象艺术的基础上开始走向写实。《蛇女神》(Snake Goddess) 在克里特时期非常著名，本书第 3 章中已作介绍。伊拉克利翁考古博物馆收藏的另一座彩色陶瓷蛇女神雕像制作于公元前 1600 年，神态生动，略有夸张，女神上身半裸，头上顶着顽猴，双手舞蛇，因此，有人认为雕像也可能是舞蛇的艺人，并非崇拜的偶像。伊拉克利翁考古博物馆另一具著名的雕塑是出土于克诺索斯小王宫的“牛头”形状的滑石容器 (steatite rhyton)，牛角上贴金箔，牛的眼球由水晶制作，鼻口部镶有珍珠母，刻画极为细腻，这具角状容器说明当时的雕塑艺术已走向写实。

迈锡尼位于希腊半岛南端的伯罗奔尼撒半岛的东部，这个地区的文化因迈锡尼城堡而得名，史称“迈锡尼文化”。迈锡尼文化成为克里特文化之后的又一重要文化，考古发现，不仅迈锡尼城堡狮子门的雕刻令人赞赏，迈锡尼的金银工艺制品上的雕塑艺术也令人刮目相看。在荷马史诗的记载中，常用“多金的”这个词来形容迈锡尼，其实迈锡尼并不盛产黄金，但是金银工艺制品相当发达，这是由于迈锡尼人同埃及直接贸易形成的，其中最引人注目的是“金面具”。迈锡尼的金面具是丧葬品，模仿死者的面容制成，一般是罩在身份高贵的死者脸上，这些面具实际上就是氏族部落首领的遗像。所以每个面具的形象都各具特色，有的浓眉大眼，有的眉清目秀，这种为死者罩面具的风俗在古埃及早已沿用，并且有明确的含义，古埃及为死者留下一个不朽的面容和躯体，以便死者的灵魂以后能找到自己的归宿，并且可以重生，迈锡尼人制作面具是否也具有这种意图，至今尚无史料证明。金属丧葬面具本书前文已经介绍过并附有图片，本节不再重复。

雅典国家考古博物馆收藏的迈锡尼时期彩绘雕像制作于公元前 1250 年，也是迈锡尼时期唯一的人头像，推测为女性头像，这具头像的艺术水平远远不如克里特时期的作品，因为出土于迈锡尼城堡的祭祀中心附近，有人认为也可能是狮身人面像。

希腊雕塑的黄金时代

古风时期的希腊人像雕塑借用埃及雕塑的“正面律”法则，这一时期的雕像形体比较程式化，雕像的重心总是落在双足之间。古希腊圣地德尔斐的博物馆中有一幅名为《一对阿尔戈斯人》(The Twins of Argos) 是为来自阿尔戈斯地区的克勒奥庇斯和庇同 (Cleobis and Biton) 双胞胎制作的双人大理石雕塑，高 2.18m，制作于公元前 590—前 580 年，是希腊古风时期的代表作。希腊古风时期另一具雕塑代表作是《肩负牛犊的人》（Calf-Bearer），也是最早的组合型大型雕塑之一，雕塑约制作于公元前 570 年，表现一位肩负牛犊的人去向雅典娜 • 帕拉斯 (Athena Pallas) 祭献。[55] 公元前五世纪，希腊人体雕像的重心开始落在了一只脚上，整个人体因而放松，显得自然、真实，标志着希腊雕塑进入“古典时期”。德尔菲的博物馆中有一具《祭司宰杀祭物》象牙雕像，描绘祭司在宰杀祭物前的情景，生动地表达出祭司与祭物的心态。德尔菲博物馆中另一座陶瓷雕塑名为《宙斯与盖尼米得》(Zeus and Ganymede)，表现众神之王宙斯挟持美男盖尼米得去为众神敬酒的霸道神态。上述两具作品或许可以代表希腊雕塑从古风时期向古典时期的过渡，虽然人物本身的动作幅度不大，但面部表情刻画细腻。奥林匹亚博物馆中有一具黏土烧制的彩色雅典娜头像，雅典娜头戴希腊式头盔，并饰有莲花状的带状头饰，形象端庄威武，被认为是建筑物山墙顶部装饰的一部分，或许正在与巨兽搏斗。

古典时期是希腊雕塑的全盛时期，此时的希腊雕塑追求客观、真实之美，对人体本身充满了赞美，从这一时期的裸体雕塑可以得到印证。有人认为：古典时期的希腊雕塑可以用一个人的名字来表达，那就是菲狄亚斯，他是雅典著名的民主派执政官伯里克利的战友和艺术总顾问，他的艺术创作体现了希腊古典时期雕塑作品

---

[55] 雅典娜 • 帕拉斯是雅典娜的别名，荷马史诗中经常这样称呼雅典娜，表明这位女神原先有个名字叫 Pallas。

的最高成就。[56] 菲狄亚斯著名作品为世界七大奇迹之一的宙斯巨像、雅典卫城广场上的雅典娜塑像（Athena Promachos）和帕特农神殿内的雅典娜塑像 (Athena Parthenos)，3 座巨像虽然都早已被毁，不过仍有古代复制品传世。菲狄亚斯的艺术风格宁静高贵，体现了希腊雕塑艺术的精髓：忠实自然、模仿自然、同时在模仿中驰骋作者的想象力。雅典娜是雅典城的守护神，也是代表智慧的女神，菲狄亚斯在帕特农神庙大殿内塑造的雅典娜神像原作高达 12m，用木料作胎，黄金和象牙作表面装饰，可惜已在拜占庭帝国时期被毁坏。公元 2 世纪的大理石雅典娜雕像复制品藏于雅典的国家考古博物馆，这件复制品中的雅典娜雕像头戴战盔，盔帽顶上正中有狮身人面像，两旁为狮身鹰头兽像，雅典娜身着希腊式连衣长裙，护胸上有蛇形饰边，雅典娜右手托着胜利女神像，左手抚着盾牌，盾牌内侧还有一条巨蛇。雅典娜双臂裸露，透过衣裙可隐见健美的身躯，衣裙褶纹形成的线条疏密有序。雅典娜面部造型端庄，眉宇清朗，鼻梁挺直，嘴唇微闭，双目炯炯有神，显示出神的崇高和严肃，同时也表现出雕塑作者的和平愿望。在罗马的卡比托利欧博物馆 (Capitoline Museum) 中，有一座雕塑名为《一个受伤的亚马逊人》(The wounded Amazon），被认为是菲狄亚斯原作的复制品。

米隆 (Myron) 是与菲狄亚斯同时代的雕塑家，米隆最擅长表现青年运动员的形象，使用材料多为青铜，米隆的作品《掷铁饼者》(The Discobolus or A discus thrower) 作于约公元前 450 年，作品高约 1.55m，是写实主义雕塑的典范，原作为青铜制品，复制品收藏于慕尼黑的博物馆中。

在德尔斐圣地出土文物中，最著名的是《德尔斐的战车驾驭者》(Charioteer of Delphi)，这座青铜雕像高 1.80m，制作于公元前 470- 前 466 年，是一组 4 马战车青铜像的一部分，制作雕像为纪念 4 年一度的皮提亚竞技会 (Pythian Games) 上的优胜者。战车驾驭者雕像表现一位出身贵族家庭的少年形象，他身着束有腰带的短袖长衫，右手拉着缰绳，目光注视着前方，表情庄严肃穆，形体稳重有力。战车驾驭者雕像体现出希腊雕塑从古风时期开始向古典时期转变，人物形象真实，但姿态有些呆板，德尔斐考古博物馆还制作一个战车复原示意的模型，表达出战车完整的形象。

在雅典国家考古博物馆中与《德尔斐的战车驾驭者》齐名的两具青铜雕像是《海神波赛顿》与《少年骑马师与马》(Young Jockey and Horse)。青铜雕像《海神波赛顿》制作于公元前 550 年，高 2.09m，也有人认为这座雕像是宙斯的雕像，无论名称如何，

---

[56] 关于菲狄亚斯的生平资料并不多，人们只知道他生于公元前 5 世纪初，于公元前 431 年去世。菲狄亚斯曾经在希腊各地从事艺术创作活动，在 20 来岁时就已蜚声艺坛。他的主要创作生涯是在故乡雅典度过的，他一生最辉煌的业绩是在他领导下重建了雅典卫城，完成了众多的雕刻装饰杰作。

它都是雅典国家考古博物馆中最精彩的展品之一。《少年骑马师与马》是希腊化时代后期的作品，少年骑马师的形象生动，刻画细腻，是雕塑界崇拜的偶像之一。

雅典卫城博物馆中有两座希腊古风时期的立姿少女大理石雕像，一座名为《少女》(Kore)，另一座名为《生闷气的少女》(The Sulky Girl)。[57]《少女》雕像高92cm，制作于公元前500年前后，少女低垂双目，神态温柔，发式美观，是古风时期希腊雕塑的典型作品。《生闷气的少女》制作于公元前490年前后，少女略显愠怒，显示出古风时期的严肃风格 (Severe style)，少女的衣着为爱奥尼亚风格 (Ionian style)。[58]

《米洛斯的阿芙洛狄忒》（Aphrodite of Milos）大理石雕像，俗称“断臂的维纳斯”，高2.03m，雕塑家亚历山德罗斯（Alexandros）创作于公元前130-前100年，从雕像被发现的第一天起，就被公认为是希腊女性雕像中最美的一尊，现收藏于法国巴黎卢浮宫。[59] 雅典国家考古博物馆中另有一具《阿芙洛狄忒》大理石雕像，是公元2世纪新古典主义时期意大利雕塑家安东尼奥 • 卡诺瓦 (Antonio Canova) 的作品，作品中的人物形象似乎比古希腊时期的女神形象略显“柔弱”。

奥林匹亚考古博物馆展出的《赫尔墨斯和小酒神狄俄尼索斯》(Hermes and Dionysos) 是希腊古典主义后期杰出雕塑家普拉克西特列斯（Praxiteles）的作品，雕像高2.13m，雕像中的赫尔墨斯身体柔美，具有女性化倾向，雕像充分发挥了大理石的质地特点，努力追求人体肌肉的细腻变化。普拉克西特列斯把赫尔墨斯与小酒神的关系表现得很亲密，洋溢着一种轻松的气氛。赫尔墨斯是希腊奥林匹斯十二主神之一，赫尔墨斯经常被描绘成一个没有胡须的年轻人，在希腊神话中的赫尔墨斯首先教会人们在祭坛上点火，要求人们焚化祭品。据说这座雕塑表现的是赫尔墨斯带着还是婴儿的酒神狄俄尼索斯到山野精灵那里去做客，在途中歇息的情景。

《拉奥孔和他的儿子》（Laocoön and His Sons）是一组大理石群雕，规格尺寸为208cm × 163cm × 112cm，是希腊化时期的雕塑名作，由来自罗得岛 (Island of Rhodes) 的阿哲桑达 (Agesander or Agesandros) 等3位雕塑家集体创作于约公元前1世纪，现收藏于罗马梵蒂冈博物馆。[60] 拉奥孔位于群雕的中心部位，神情

---

⑰ “Kore”在希腊语中是“雕塑”(sculpture) 的意思，在希腊古风时期特指立姿的少女雕像。

⑱ 爱奥尼亚人 (Ionian) 是古希腊民族一支重要的成员，公元前1000年前后自阿提卡 (Attica) 和希腊中部地区迁到安纳托利亚（今土耳其西部海岸地区）。

⑲《米洛斯的阿芙洛狄忒》雕像是因在米洛斯岛发现的而得名，米洛斯岛在爱琴海中，是希腊基克拉迪群岛最西的岛屿。阿芙洛狄忒在罗马神话中被称为维纳斯（Venus），并奉为罗马的保护神。因为这座雕像毕竟是古希腊的雕像，称其为《断臂的维纳斯》似乎不妥。

⑳《拉奥孔和他的儿子》雕像据古罗马历史学家老普林尼 (Pliny the Elder) 在37卷的《博物学》所称是由3位来自于罗得岛的雕刻家集体创作。

处于极度的恐怖和痛苦之中，正在极力使自己和他的孩子从两条蛇的缠绕中挣脱出来，拉奥孔抓住了一条蛇，同时臀部又被蛇咬住。拉奥孔左侧的长子似乎还没有受伤，但被惊呆了，正在奋力想把腿从蛇的缠绕中挣脱出来。拉奥孔右侧的次子已被蛇紧紧缠住，绝望地高高举起他的右臂。拉奥孔全身的肌肉运动都已达到了极限，甚至到了痉挛的地步，紧张、惨烈的气氛弥漫着整个作品。[61]《拉奥孔和他的儿子》构图完美，稳定而富于变化，3 个人物的姿态和表情相互呼应，显示出艺术家非凡的想象力。本书的《拉奥孔和他的儿子》照片拍摄于雕塑作者的家乡希腊的罗得岛，是罗德岛骑士宫（Palace of the Grand Master of the Knights of Rhodes）内的复制品。

从亚历山大远征开始到埃及托勒密王朝臣服于罗马帝国的历史阶段称为“希腊化时期”，“希腊化时期”的题材相当丰富，影响的地区也十分广泛，几乎覆盖了整个欧洲。

8-1-1 雅典的国家考古博物馆展出的大量基克拉迪抽象雕像

---

[61] 《拉奥孔和他的儿子》源于希腊神话中特洛伊战争的故事，也称“木马计”。拉奥孔是特洛伊城的一个祭司，他曾警告特洛伊人不要将希腊人的木马引入城中，此事触怒了希腊的保护神雅典娜，于是雅典娜派出了两条巨蛇先将拉奥孔的两个儿子缠住，拉奥孔为救儿子也被雅典娜派出的蛇咬死。

8-1-2

8-1-3

8-1-2 基克拉迪人体立姿抽象雕像

8-1-3 最简约的基克拉迪抽象小雕塑《女人的头像》

8-1-4 | 8-1-5

8-1-4 基克拉迪抽象雕像《竖琴演奏者》正立面

8-1-5 基克拉迪抽象雕像《竖琴演奏者》侧面透视

8-1-7

8-1-6 8-1-8

8-1-6 基克拉迪抽象雕像《双管演奏者》

8-1-7 克里特时期最早的石雕，人与蛇结合

8-1-8 头顶顽猴，双手持蛇的克里特时期彩色陶瓷“蛇女神”雕像

8-1-9 克里特时期“牛头”形状滑石容器

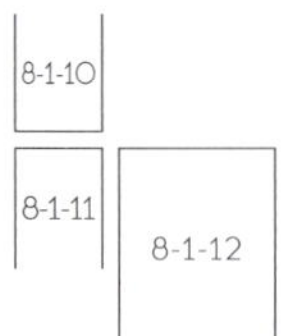

8-1-10 迈锡尼时期的女性头像正面

8-1-11 迈锡尼时期的女性头像侧面

8-1-12 《一对阿尔戈斯人》是希腊古风时期的代表作

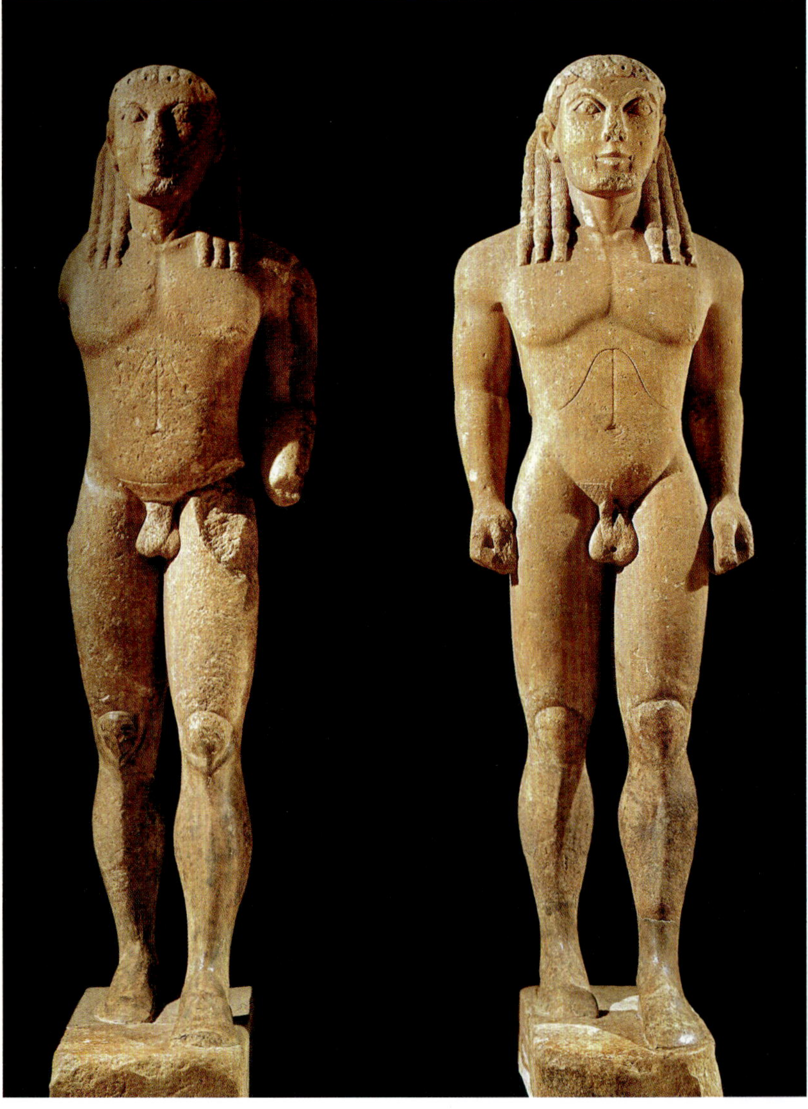

8-1-13 《肩负牛犊的人》是希腊古风时期雕塑代表作

8-1-14 象牙雕像《祭司宰杀祭物》标志着雕塑从古风时期向古典时期过渡

8-1-15 《宙斯与盖尼米得》是古希腊从古风时期向古典时期过渡的雕塑

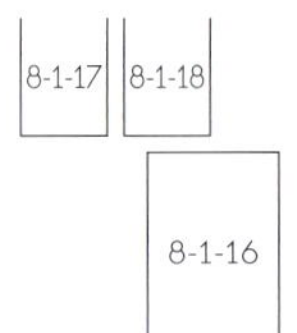

8-1-16 黏土烧制的彩色雅典娜头像

8-1-17 大理石的雅典娜雕像是菲狄亚斯名作的复制品

8-1-18 雅典娜雕像的头部

8-1-19 《一个受伤的亚马逊人》被认为是菲狄亚斯原作的复制品

8-1-20 青铜雕像《掷铁饼者》是古典时期米隆的作品

8-1-21 青铜雕像《德尔斐的战车驾驭者》体现从古风时期向古典时期转变

8-1-22 《德尔斐的战车驾驭者》上身侧面像

8-1-23

8-1-24

8-1-23 《德尔斐的战车驾驭者》复原示意模型

8-1-24 青铜雕像《少年骑马师与马》是希腊化时代后期作品

8-1-25 青铜雕像《少年骑马师与马》局部放大

8-1-26 《海神波赛顿》青铜雕像

8-1-27	8-1-28
8-1-29	8-1-30

8-1-27 《少女》是希腊古风时期的立姿大理石雕像

8-1-28 《生闷气的少女》是希腊古风时期雕塑的典型作品

8-1-29 《米洛斯的阿芙洛狄忒》创作于公元前 130- 前 100 年

8-1-30 仰视《米洛斯的阿芙洛狄忒》的上身

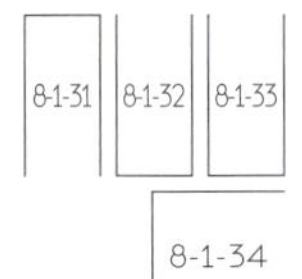

8-1-31 《阿芙洛狄忒》大理石雕像是公元2世纪新古典主义时期的作品

8-1-32 《赫尔墨斯和小酒神狄俄尼索斯》是希腊古典主义后期杰出作品

8-1-33 大理石群雕《拉奥孔和他的儿子》是希腊化时期的雕塑名作

8-1-34 《拉奥孔和他的儿子》群雕中的拉奥孔头部

8.2 古希腊的壁画与瓶画

Fresco and Vase Painting of Ancient Greece

古希腊的绘画作品几乎已经消失，保留下来的仅有壁画和陶瓷制品上的彩绘。古希腊壁画仅存的作品为墓葬和建筑遗址中的壁画，伊拉克利翁考古博物馆保存的一幅《米诺斯妇女》（Minoan Lady），是克诺索斯王宫西区上层大厅大幅壁画《高脚折叠凳》(Camp-stool) 的片段。阿瑟•伊文思认为《米诺斯妇女》可能是一位女祭司的画像，制作于公元前 1450—公元前 1350 年，引人关注的是绘画中米诺斯妇女的红色嘴唇、黑色眼睛和卷曲的发式，阿瑟•伊文思戏称之为“巴黎女郎”（La Parisienne），因为她的形象确实有些像 19 世纪后期的巴黎时尚妇女。大幅壁画《高脚折叠凳》不仅展示了当时的高脚折叠凳，而且展示的是古代克里特正式宴会的情景，由于画面展示的人物均为侧立面，颜色也不清晰，性别难辨，似乎宴会中均为女性，令人更加相信“母系社会”对古代克里特的影响。

克诺索斯王宫中另一幅重要的壁画名为《百合花王子》(Prince of the Lilies)，因王子戴的首饰为百合花形状因而得名。王子的形象潇洒飘逸，并且有束腰，因而有人认为这是一位女性的画像。伊拉克利翁考古博物馆的《百合花王子》壁画介绍中补充了壁画的配景，使画面构图更加完善。克里特的绘画深受埃及绘画的影响，例如在人物侧面的形象中，眼睛画的却是正面，因而夸大了眼睛的视觉效果。绘画中的克里特妇女发式新颖，一般为卷曲的长发，妇女发式与古埃绘画中的妇女相似，古埃及的男女均使用“假发”，克里特因缺少文字资料，不知是否也是假发。《蓝色中的女士们》(The Ladies in Blue) 也是克诺索斯王宫中的壁画片段，制作于公元前 1600—前 1450 年，画面中的 3 位女士的发型一致并且均饰以珠宝，3 位女士的手势似乎也是为了展示她们佩戴珠宝，因画面的背景为蓝色而得名。雅典国家考古博物馆中的《迈锡尼的妇女》（Mycenaean Lady）是迈锡尼城堡中“主祭司住宅”(House of Chief Priest) 的壁画片段，展示出迈锡尼妇女长发的形象，衣着与克里特妇女的衣着有所不同。

本书选了一幅受基克拉迪抽象艺术影响的古希腊壁画，是公元前 1600 年米洛斯岛的菲拉科皮 (Phylakopi) 地区出土的壁画，以漫画的形式描绘渔民返家的情景，壁画以同样的方式夸张地表现鱼和渔民的眼，现收藏于雅典国家考古博物馆。雅典国家考古博物馆还有一具筒状陶瓷瓶，出土于米洛斯（Melos），表面绘有一组行进中的渔民，制作于公元前 1600 年，与前面介绍的基克拉迪抽象艺术壁画中的渔民形象完全一致。另一幅壁画是公元前 5 世纪意大利南部陵墓中的壁画，描绘墓葬仪礼的舞蹈，人物形象真实，构图优美，现收藏于意大利的那不勒斯国家博物馆（National Museum，Naples）。

雅典国家考古博物馆的一角，展示了公元前 16 世纪锡拉岛的阿克罗蒂里发掘出一处多层建筑遗址内的壁画，其中一幅壁画名为《少年拳击》，形象生动，很难想象壁画是 3600 年前的作品。克里特岛的阿穆尼索斯（Amnisos）有一处百合花住宅 (House of the Lilies)，百合花住宅遗址中也有一间室内壁画保护较好，在雅典国家考古博物馆展出其复原示意图和部分原件，1.8m 高的壁画主题便是“百合花”，这幅新石器时代的壁画作品色彩依旧鲜艳。雅典国家考古博物馆保留有一幅克诺索斯王宫中的壁画片段，描绘克里特的自然风光，犹如水粉写生画。

古希腊人用陶土烧制各种器皿作为日常生活用具，大部分古希腊的陶器上都绘有几何图案、动植物图案甚至生动的人物形象，统称为“瓶画”(Vase Painting)。古希腊的彩绘陶瓷制品是生活和绘画相结合的创造性艺术，在世界艺术史上占有重要地位。

古希腊瓶画先后有 4 种基本形式：几何纹理式 (Geometric style)、黑色图形 (Black-figure)、红色图形 (Red-figure) 和白色背景 (White ground)。从几何纹理式到黑色图形、红色图形，再到白色背景，反映出古希腊画家对瓶画艺术的不断追求。几何纹理瓶画盛行于公元前 9—前 8 世纪，主要是在土黄色的陶器上增加棕色或黑色的几何纹理，如波浪线、平行线、三角形，甚至更复杂的曲线。复杂的几何纹理组合成的抽象的图案，是对动植物和人物高度概括的成果。黑色图形和红色图形是古希腊瓶画艺术繁荣时期 (公元前 600—前 400 年) 最重要的两种艺术形式，黑色图形瓶画是在陶器橘红色的底子上，用黑色绘制出剪影般的图形轮廓，轮廓内也填以黑色，细部是用针刻出来的，具有强烈的装饰效果。红色图形瓶画对色彩的运用与黑色图形相反，器皿上的图形是橘红色的，而背景是黑的，红绘式瓶画的绘制方法是用笔直接勾勒轮廓，然后把背景涂黑。白色背景瓶画盛行于公元前 450—前 400 年，白色背景瓶画类似于中国画的“白描”，器皿多为有柄的细颈长瓶。白色背景瓶画特点是在白色的底子上，用很少的几种色彩画出图形的轮廓，瓶画中的人物潇洒，线条清晰。从白色背景瓶画可以看出，此时的希腊人已经掌握了透视的原理，他们运用线条的走向来暗示图形的转折及其空间关系。

雅典国家考古博物馆展出的一组陶瓷坛，出土于米洛斯，制作于公元前 2300—前 2000 年，陶瓷坛的表面绘有几何图案，颇具水准。公元前 1500—公元前 1450 年，克里特时期制作的大型陶瓷坛 (Pithos) 表面也都绘有图案或彩画，其中一具大型陶瓷坛的表面绘有牛头，笔锋有力，有些像中国的水墨画，现藏于雅典国家考古博物馆。在雅典国家考古博物馆中，迈锡尼城堡出土的双耳大口陶瓷坛，也称《武士瓶》(Warrior Vase)，高 42.7cm，制作于公元前 12 世纪，表面绘有“出发前的士兵”，全副武装，形态生动。

奥林匹亚博物馆中有一组早期的黑色图形瓶画，制作于公元前 6—前 5 世纪，描绘日常生活和神话故事，主要是酒神节的故事，绘画和陶瓶工艺都略显粗糙。雅典国家考古博物馆中的一具黑色图形瓶画制作于公元前 540—前 530 年，有较高的工艺制作水平和艺术构思，绘画占据瓶画的一角，绘画的内容为“四马二轮战车与御者”，采取写实与抽象相结合的表现方式。

古希腊红色图形瓶画一般均有较高水平，雅典国家考古博物馆中有两具古希腊阿蒂卡式的红色图形瓶画 (Attic red-figure vase painting)。一具名为《裸体的运动员》，画中后面的运动员手中拿着古希腊用的刮身板，前面手持权杖的长者是裁判或教练；另一具瓶画名为《舞蹈的女祭司》，描绘酒神节的女祭司们（Maenads）在祭坛前翩翩起舞，她们之间还有带翼的女神飞舞，有的女祭司手中还举着火炬，瓶画大约制作于公元前 350—前 320 年。

白色背景瓶画达到古希腊瓶画艺术的最高水平，雅典国家考古博物馆中的一组有柄的细颈长瓶是典型代表，瓶画中的人物犹如中国传统绘画中的“仕女图”。德尔斐考古博物馆（Delphi Museum）中的一具基里克斯陶杯（Kylix, 古希腊的一种有双把手的浅酒杯），浅酒杯的“绘画”更加令人赞赏，浅酒杯制作于公元前 480—前 470 年，不知底细的人一定会以为绘画中的主人是一位“美女”，实则是古希腊神话中的光明之神阿波罗。绘画中的阿波罗坐在带有狮爪腿的凳子上，他头戴花环，身穿棕红色长袍，外披白色大披肩，左手的手指按在里拉琴(lyre)的琴弦上，右手将碗中祭奠用的红酒倒出，暗示正在祭奠一位他思念的人。阿波罗对面陪伴着他的黑鸟是阿波罗的随从“大乌鸦”，这幅绘画令人想起一段关于阿波罗的著名神话。[62]

---

[62] 关于浅酒杯的“绘画”说明引自德尔斐考古博物馆的介绍。关于阿波罗的著名神话是一段悲剧性的爱情故事，阿波罗爱上了人间国王菲利基亚斯 (Phlegyas) 的女儿——科洛尼斯 (Coronis) 公主，但是这位公主水性杨花，她和药神阿斯克勒庇俄斯 (Asclepius) 偷情怀孕后又喜欢上凡人伊斯库斯 (Ischys)，大乌鸦将这些风流韵事告知了阿波罗，阿波罗便派他的孪生姊妹阿尔忒弥斯 (Artemis) 将科洛尼斯公主杀死，同时营救出科洛尼斯的孩子并养育成长。国王菲利基亚斯盛怒之下，将阿波罗在德尔菲圣地的神庙烧毁，最终菲利基亚斯也被阿波罗杀死。

8-2-1 《米诺斯妇女》是一位女祭司的画像

8-2-2 大幅壁画《高脚折叠凳》其中有“米诺斯妇女”局部真迹

8-2-3 《百合花王子》原件

8-2-4 《百合花王子》壁画补充了配景

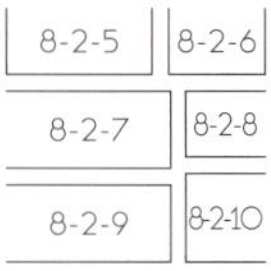

8-2-5 《蓝色中的女士们》是克诺索斯王宫中的壁画片断

8-2-6 《迈锡尼的妇女》是迈锡尼城堡中的壁画片段

8-2-7 《渔民返家》是一幅受基克拉迪抽象艺术影响的古希腊壁画

8-2-8 圆筒状陶器表面绘有一组行进中的渔民

8-2-9 公元前 5 世纪意大利南部陵墓中的壁画，描绘墓葬仪礼的舞蹈

8-2-10 《少年拳击》是 3600 年前阿克罗蒂里的古希腊壁画

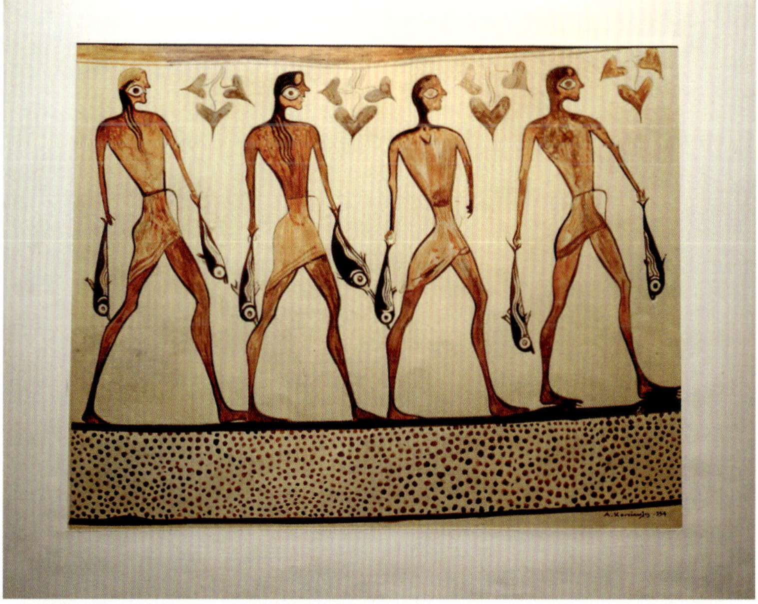

8-2-11 | 8-2-12 | 8-2-13

8-2-11 克里特岛的百合花住宅以百合花为主题的室内设计复原示意图

8-2-12 百合花住宅遗址中以百合花为主题的室内壁画部分原件

8-2-13 克诺索斯王宫中的壁画片段，描绘克里特的自然风光

8-2-14 8-2-15 8-2-16

8-2-14 克里特时期制作的大型陶瓷坛表面绘有图案

8-2-15 克里特时期制作的大型陶瓷坛的表面绘有牛头

8-2-16 大型陶瓷坛的表面绘有牛头，笔锋有力

8-2-17 8-2-18 8-2-19

8-2-17 迈锡尼城堡出土的《武士瓶》

8-2-18 《武士瓶》双耳大口陶瓷坛表面绘有出发前的士兵

8-2-19 早期黑色图形瓶画描绘神话故事

8-2-20

8-2-21

8-2-20 黑绘式瓶画中的四马二轮战车与御者占据瓶画的一角

8-2-21 红绘式瓶画名为《裸体的运动员》

8-2-22 | 8-2-23
8-2-24

8-2-22 红绘式瓶画《舞蹈的女祭司》

8-2-23 古希腊细颈长瓶上的白底彩绘瓶画

8-2-24 浅酒杯上的白底彩绘令人想起一段关于阿波罗的著名神话

9 古希腊黄金时代后的建筑

The Architecture after the Golden Age of Ancient Greece

9.1 纳夫普利奥的帕拉米蒂城堡

The Palamidi Castle of Nafplio

帕拉米蒂城堡是希腊南部的一座军事要塞，位于伯罗奔尼撒地区的海港城市纳夫普利奥城 (Nafplio) 东侧。帕拉米蒂城堡坐落在一个海拔 216m 的山脊上，据说从希腊的前古典时期，这里就建起了城墙，传说由海神波赛顿的儿子纳普利乌斯 (Nauplius) 建造。城堡的主体部分在威尼斯共和国第二次占领纳夫普利翁期间（1686—1715 年）兴建，而且是在相对较短的 3 年时间内完成。[63]1715 年，土耳其人攻占帕拉米蒂城堡，一直控制到 1822 年被希腊人攻克。帕拉米蒂要塞最初以希腊圣人 Proveditori 命名，奥斯曼帝国占领期间更换为土耳其名称。希腊人推翻土耳其人后，要塞重新以希腊圣人命名。在希腊独立战争期间，纳夫普利翁是奥斯曼帝国的一个主要据点，被希腊军队包围了一年时间，最后因为饥饿而投降。由于帕拉米蒂城堡坚固的防御工事，成为希腊临时政府所在地，公元 1828-1834 年，纳夫普利翁成为现代希腊的第一个首都，1834 年希腊政府将首都迁至雅典。

帕拉米蒂城堡俯视着阿尔戈利斯湾、纳夫普利翁市和周围乡村。从城市到城堡共有 857 级蜿蜒的台阶，但是到达城堡顶部共有超过 1000 级台阶，纳夫普利翁当地人喜欢说：到达城堡的顶部有 999 级台阶。

据说帕拉米蒂城堡由工程师拉萨尔 (Lasalle) 和 Giaxich 主持设计，本书没有查到两位设计者的个人资料。威尼斯人将城堡建成了一座十分坚固的要塞，城堡上有 7 座碉楼，其中 6 个以古希腊英雄命名。从山下看，只能看到蜿蜒的城墙和碉楼。从建筑学的角度分析，帕拉米蒂城堡是“因地制宜”的佳作，城堡的总平面布局似乎可以被认为是一个具有构成主义倾向的作品，因为城堡的总体布局与空间处理颇有俄国构成主义（The Russian Constructivism）的神韵。

---

[63] 威尼斯共和国（意大利语：Serenissima Repubblica di Venezia）是意大利北部威尼斯人的城邦，以威尼斯为中心。威尼斯以前是拜占庭帝国的一个附属国，于 9 世纪获得自治权。在中世纪盛期，由于威尼斯控制了欧洲的贸易而变得非常富裕，并开始往亚得里亚海方向扩张。

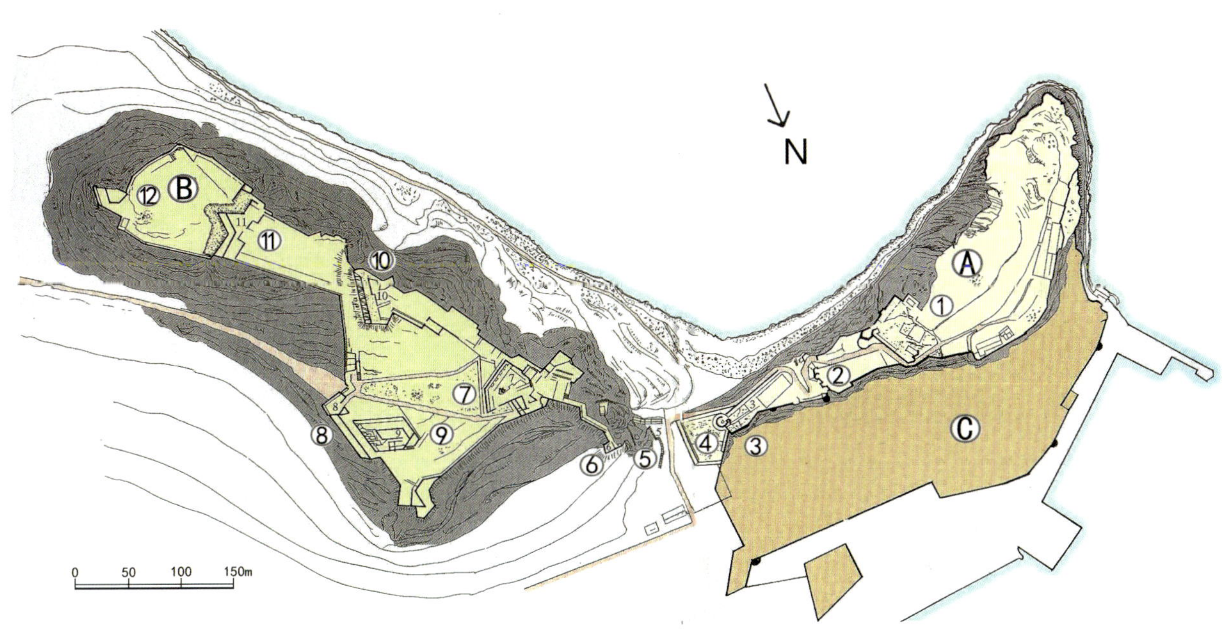

9-1-1 帕拉米蒂城堡总平面布局

A-帕拉米蒂老城区；B-帕拉米蒂城堡；C- 帕拉米蒂下城
1-格雷奇碉楼；2-弗兰基碉楼；3-托罗碉楼；4-格里马尼碉楼；
5-上坡通往帕拉米蒂城堡；6-罗伯特碉楼；7-圣安德烈碉楼
8-伊巴密浓达碉楼；9-米太亚德碉楼；10-福基翁碉楼；11-地米斯托克利碉楼；
12-阿基里斯碉楼

9-1-2 俯视帕拉米蒂城堡

9-1-3	
9-1-4	9-1-5
9-1-6	9-1-7

9-1-3 从北侧远望帕拉米蒂城堡全景

9-1-4 帕拉米蒂城堡用规整石块砌筑的城墙与碉楼

9-1-5 帕拉米蒂城堡用不规整石块砌筑的城墙与碉楼

9-1-6 仰视帕拉米蒂城堡北侧尽端

9-1-7 从圣安德烈碉楼俯视纳夫普利翁古老的城区与下城

9-1-8 9-1-9

9-1-8 从西侧俯视圣安德烈碉楼群

9-1-9 从南侧俯视圣安德烈碉楼内院

9-1-10	9-1-11
9-1-12	9-1-13

9-1-10 圣安德烈碉楼内院的大台阶与入口拱门

9-1-11 从圣安德烈碉楼内院登上二层平台的大台阶

9-1-12 圣安德烈碉楼内院登上二层平台大台阶的侧面

9-1-13 圣安德烈碉楼内院的二层平台

9-1-14	9-1-15
9-1-16	9-1-17
9-1-18	9-1-19

9-1-14 圣安德烈碉楼群内院拱门、拱券与圆形花池的组合构图

9-1-15 圣安德烈碉楼群南侧石阶、平台与花池的组合

9-1-16 圣安德烈碉楼群南侧台阶与空间分割

9-1-17 石砌拱券与构图结合

9-1-18 支撑城墙的石砌拱券

9-1-19 城墙下石砌拱券透视

9-1-20	9-1-21
9-1-22	9-1-24
	9-1-23

9-1-20 登上帕拉米蒂城堡顶层的台阶反复穿越拱门

9-1-21 不同标高的拱门与拱窗

9-1-22 帕拉米蒂城堡的空间分割

9-1-23 牛腿支托悬挑出的城墙

9-1-24 帕拉米蒂城堡平台上的吊铃面向老城区

9-1-25	9-1-26
9-1-27	9-1-28

9-1-25 吊铃与帕拉米蒂城堡入口结合，门洞上还有狮身人面像浮雕

9-1-26 帕拉米蒂城堡连续的坡道与石阶

9-1-27 从山下登上帕拉米蒂城堡入口

9-1-28 从帕拉米蒂城堡望市区

9.2 罗得岛的中世纪古城

The Medieval City of Rhodes

罗德岛是希腊 12 个群岛之首，也是希腊最东边的疆域，全岛面积为 1398km^2，居民约为 125000 人，其中约一半人口住在罗得市，罗得市是罗得岛的首府和旅游中心。罗德古城在希腊群岛中非常有名，它是全欧洲面积最大，保存最完好的中世纪古城之一。

公元前 3 世纪，罗得岛是古希腊的一处重要海上力量和文明中心，罗得岛的中世纪古城建于公元前 408 年，历史上曾是地中海东部文明及地中海航海线上的军事要塞。古罗马统治时期，罗得古城有良好的民主管理制度，有自己的币制和海洋法，罗得古城的海洋法是世界上已知的最早的海洋法典，并广泛地被采用。

从 1309 年到 1523 年，耶路撒冷的圣约翰（St John of Jerusalem）骑士军队占领了罗得岛的古城并使它成为一个要塞。[64] 此后，罗得岛古城先后被土耳其人和意大利人统治。公元前 5 世纪，古城原址上已建有城堡，现存的古城是公元 15-16 世纪，圣约翰十字军骑士以最先进的技术构筑的要塞城市，坚固的双重城墙，宽阔的护城河，显示出牢不可破的姿态。古城最有名的建筑物是骑士团长宫殿，原有的宫殿毁于天灾人祸，现存的宫殿是意大利人在 20 世纪初为意大利法西斯党魁墨索里尼重建，据说墨索里尼根本没有到过这座宫殿。

罗得古城的上城 (Upper Town) 充满哥特式建筑 (Gothic architecture)，有骑士团长宫殿 (Palace of the Grand Masters)，大医院和骑士街 (Street of the Knights)。在下城（Lower Town）则是哥特式建筑与伊斯兰风格的建筑共存。上城区由一条主干道和两侧延伸出的直街构成，气势雄伟；下城区则是纵横交错的大街

---

[64] 中世纪穆斯林入侵欧洲，骑士团出现于十字军东征自卫战争期间，第一次十字军远征（1096–1099 年）建立起 4 个十字军国家，十字军国家处于动荡不安之中。于是，罗马教宗组织了几个修士骑士团，即历史上著名的三大骑士团：医院骑士团、圣殿骑士团和条顿骑士团。圣约翰骑士团全称是“耶路撒冷圣约翰医院骑士团”，成立于 1099 年，最初是由法国贵族 Gerard 和几名同伴在耶路撒冷的施洗者在圣约翰教堂附近的医院里成立，主要目的是照料伤患和朝圣者。1113 年，教廷承认他们是独立的修会，并赐予他们一系列的经济、政治特权，无须接受任何政权的领导，只受教皇节制。医院骑士团的会规以圣奥古斯丁修会的会规为基础制定。骑士团的成员分为教士、骑士和士官，以及会友。骑士团由一位大团长（Grand Master）统治，并有教士会议和八位法官协助。

小巷和广场的有机组合，虽然气势并不雄伟，但尺度相对亲切。一条 4km 长的城墙严密地包围着上下城区，形成一组完整的世界文化遗产，城区里的古迹比比皆是，令人印象深刻。罗德岛古城有 12 个城门，每个城门上都有盾徽，让人处处感觉到十字军骑士留下的标记。据说，十字军骑士中法国人占的比例较大，所以古城的建筑风格与法国古城堡近似。

进入古城，可以看到石子铺砌的小路和小巷中分割空间的拱架，仿佛回到中世纪。据说，当年骑士们根据不同语言和种族分区住在骑士街两旁的房子里，古城中伊斯兰风格的建筑物建于奥斯曼帝国 500 年的统治时期。[65] 奥斯曼帝国统治时期没有实施宗教迫害，但不允许希腊人和基督徒住在古城内，他们白天在城里工作，晚上必须离开古城。犹太人作为特例，被允许居住在古城的东部，第二次世界大战中，不少犹太人又被送进集中营。意大利人在 1912 年赶走土耳其人，第二次世界大战后 ,1948 年罗得古城回归希腊。

---

⑮ 15 世纪，君士坦丁王朝衰落，奥斯曼帝国扩张，罗德岛成了障碍。几次攻占失败后，苏莱曼一世采取极端手段，派 10 万大兵兵临城下，650 圣约翰骑士与罗德岛居民奋起反抗。6 个月后，1523 年元旦，骑士团长和剩余的 180 骑士被苏莱曼一世允许带上财产乘船离开罗德岛。从此，罗德岛开始 500 多年奥斯曼帝国的统治。

9-2-1 罗得古城平面

A-希腊风格建筑；B-拜占庭风格建筑；C-中世纪哥特式建筑；D-奥斯曼帝国时期建筑
1-昂布瓦兹门；2-骑士团长宫殿；3-圣安东尼门；4-骑士大街；
5-考古博物馆(15世纪医院)；6-圣保罗门；7-海门；8-喷泉广场；
9-苏莱曼清真寺；10-圣约翰门

9-2-2 | 9-2-4
9-2-3

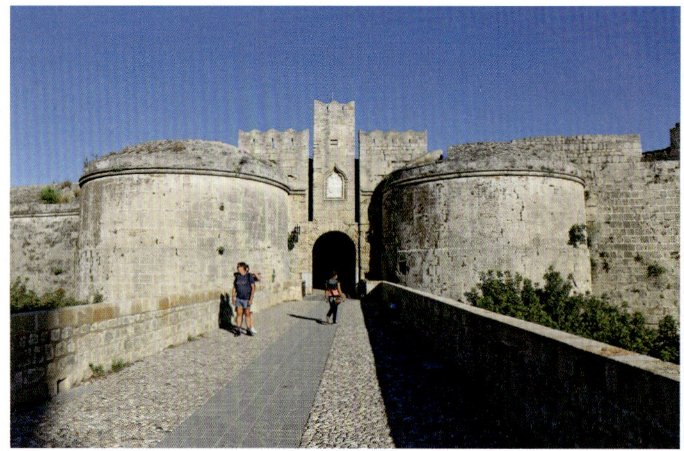

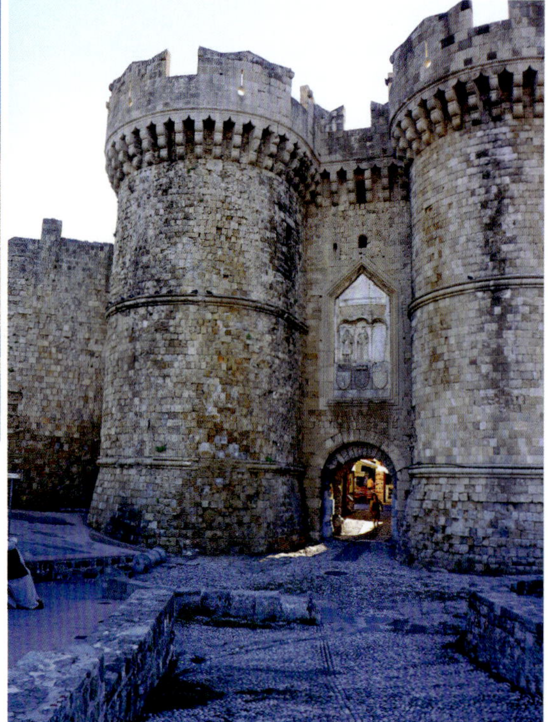

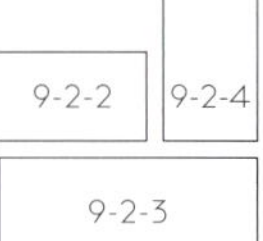

9-2-2 罗得古城的昂布瓦兹门

9-2-3 罗得古城的圣保罗门

9-2-4 罗得古城的海门

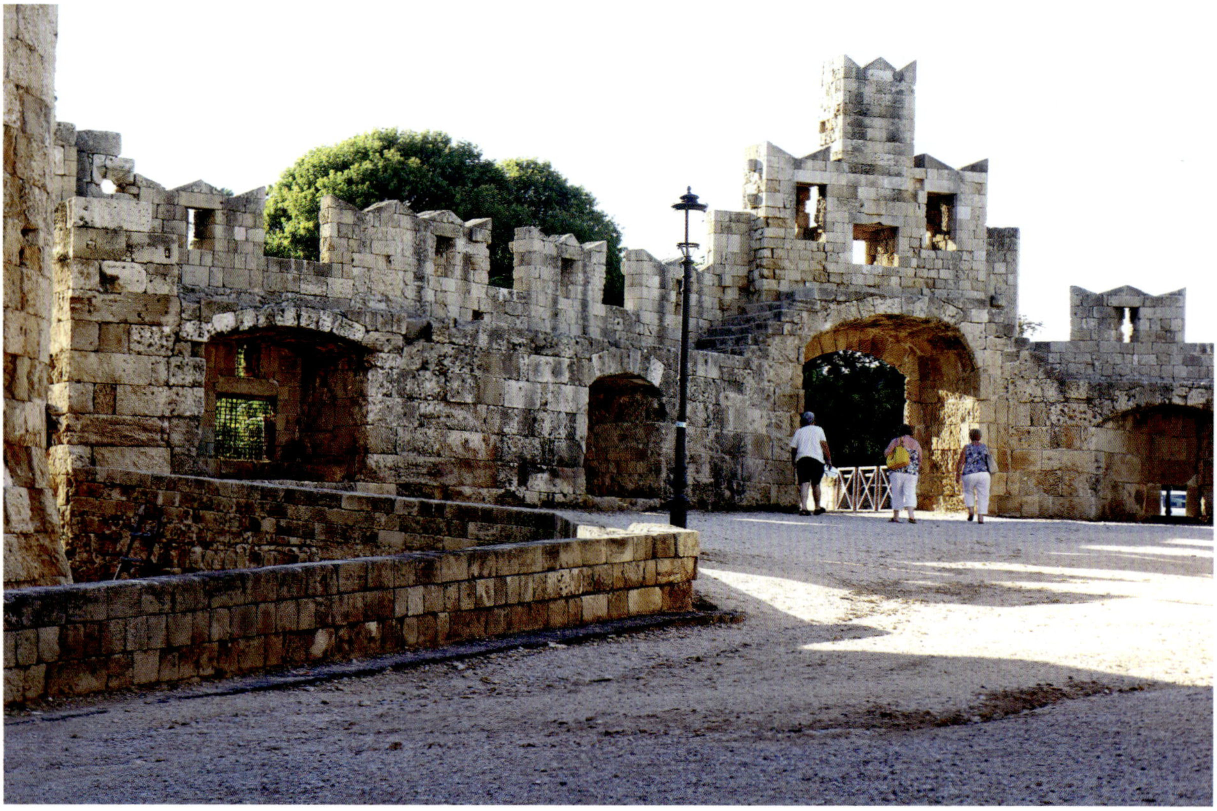

9-2-5 罗得古城的圣约翰门

9-2-6 罗得古城的圣安东尼门

9-2-7 罗得古城的骑士大街

9-2-8 罗得古城骑士大街的过街楼与拱门

9-2-9 罗得古城骑士大街沿街装饰

9-2-10	9-2-11
9-2-12	

9-2-10 罗得古城小巷内的空间变化

9-2-11 罗得古城小巷内的店铺

9-2-12 罗得古城小巷内的石砌拱架

9-2-13

9-2-14

9-2-13 罗得古城的喷泉广场

9-2-14 岁得古城的苏莱曼清真寺

9-2-15
9-2-16

9-2-15 罗得古城骑士宫入口

9-2-16 罗得古城骑士宫内院

9-2-17	
9-2-18	9-2-20
9-2-19	

9-2-17 从上向下望得古城骑士宫大楼梯

9-2-18 罗得古城骑士宫室内拱顶

9-2-19 罗得古城骑士宫室内拱架

9-2-20 罗得古城骑士宫大厅的室内座位

9-2-21 罗得古城考古博物馆入口门廊

9-2-22 罗得古城考古博物馆内院拱廊

9-2-23 罗得古城考古博物馆从内院通向二层

9-2-24 罗得古城考古博物馆二层屋顶

9-2-25 9-2-26

9-2-27

9-2-25 罗得古城考古博物馆内院的门洞

9-2-26 罗得古城通向城墙上的石阶

9-2-27 俯视罗得古城内街道与民房

9.3 迈泰奥拉：悬浮在空中的修道院

Monastery of Metéora: The Monastery suspended in the Air

迈泰奥拉（Μ ε τ έ ω ρ α or Metéora）意为“悬浮在空中”，是希腊的一座大型东正教修道院，其重要性仅次于阿索斯山的修道院。迈泰奥拉位于希腊中部塞萨利平原 (Plain of Thessaly) 的西北边缘，靠近皮尼奥斯河 (Pineios) 和品都斯山脉（Pindus Mountains），最近的城镇为卡拉巴卡（Kalabaka）。迈泰奥拉有24 座寺院矗立在天然砂岩支柱上，其中 6 座保护完好。1988 年，迈泰奥拉被联合国教科文组织列入世界遗产名录，为自然和文化双重遗产。

公元 11 世纪，东正教的修士们在砂岩峰 (pinnacles) 的地区选定了这些“天空之柱”，在 15 世纪隐士思想大复兴的时代，修士们修建了 24 座隐修院，尽管有令人难以置信的困难。大部分迈泰奥拉的修道院均建于高耸的砂岩柱上，平均海拔 313m，4 侧均为悬崖峭壁。直至 17 世纪，货物和人员均需经由绳索、藤篮和滑车进出修道院，现今这些修道院可经由石崖凿出的阶梯进入。[66]希腊东正教修道院的主要任务是向僧侣和修女传授希腊东正教的知识。[67] 迈泰奥拉 6 座保存至今的修道院中，有 4 座为修士居住，剩余 2 座是修女的居所，现今各修道院的居住人数

---

⑥⑥ 迈泰奥拉高耸的砂岩柱地貌是 6000 万年前由于地质学早第三纪 (Paleogene Period) 一系列的地壳运动 (earth movements) 和风化 (Weathering) 形成，砂岩和砾岩组合形成的石柱由地面升起，石柱上还有显示砂岩厚度的裂纹线，非常壮观。

⑥⑦ 东正教（Eastern Orthodox Church），又称正教会或正统教会，是由东罗马帝国流传下来的基督教传统的教会。东正教与天主教、新教并立为基督教三大教派，目前也是基督教的第二大教派，信徒主要分布在希腊、俄罗斯、哈萨克斯坦、白俄罗斯、乌克兰、罗马尼亚、保加利亚、塞尔维亚等国家。产生于公元 1 世纪的基督宗教，最初系自犹太教中分离出来，随着耶路撒冷的被占领，教会的中心逐渐转向罗马帝国的首都，从公元 1 世纪到 4 世纪初，罗马皇帝一再对基督徒进行压迫，直到君士坦丁大帝在 313 年皈依教会，后历经多次宗教争端，狄奥多西一世在 393 年公布基督教为国教。始于公元 5、6 世纪的日耳曼族入侵最终导致罗马帝国的分崩离析，东西教会也随之彻底分裂，公元 1054 年发生了基督宗教大分裂，教会分成东部和西部两个教会——以君士坦丁堡为中心的东部教会和以罗马为中心的西部教会。东正教指责罗马教宗篡改圣经内容及教义，以及各种礼仪问题质问罗马教宗，如安息日斋戒问题、四旬大斋期不唱阿里路亚等。公元 1453 年，东罗马拜占庭被奥斯曼帝国征服，东正教会虽然保留下来，在某些国家会受到穆斯林的控制，但是东正教派在俄国却非常强大，莫斯科成了新的东正教会中心。

均少于 10 名。

迈泰奥拉最大的建筑物是圣迈泰奥拉大修道院（Holy Monastery of Great Meteoron），始建于 14 世纪中叶，今日是迈泰奥拉的主博物馆。迈泰奥拉大修道院海拔 613m，修道院内的教堂更是精华中的精华，教堂高 24m、宽 42m，拱顶平面近似圆形，实为 12 边形，教堂的外墙用石块与红砖相间砌成，充分体现拜占庭建筑艺术特色。教堂内部除了 15 世纪的珍贵壁画外，还拥有各种雕嵌精美的用具。进入圣迈泰奥拉大修道院须穿越一个山洞，修道院是一组空间丰富的建筑群，由于圣迈泰奥拉大修道院地势较高，可俯瞰迈泰奥拉的其他修道院。

圣卢萨诺修道院（The Holy Monastery of Rousanou）建于 16 世纪中期，现为修女所居住，据说仅有 16 名修女。圣卢萨诺修道院小巧玲珑，是另一处有特色的修道院。修道院建在巍峨陡峭的山峰上，仅有一座小木桥连通外部世界，修道院有精美的壁画《耶稣复活》（Resurrection）和《耶稣变容》（Transfiguration）。

此外，在圣迈泰奥拉大修道院的高处可以看到圣瓦拉姆修道院（Holy Monastery of Varlaam）、圣史蒂芬修道院（Holy Monastery of St. Stephen）和圣三一修道院（Monastery of the Holy Trinity）。圣瓦拉姆修道院是迈泰奥拉第二大修道院，始建于 1541 年，院内的用餐室今日亦用作博物馆。圣史蒂芬修道院建于 16 世纪，位于迈泰奥拉相对平坦的地段上，并非在岩柱上，是修女居住的地方，建筑造型简洁，二战时期，圣史蒂芬修道院曾被纳粹军破坏，修女们随后返回并完成重建工作。圣三一修道院始建于 1475 年，修道院下的悬崖高达 400m，是迈泰奥拉现存修道院中最古老的修道院。

9-3-1　远望迈泰奥拉

9-3-2 远望圣迈泰奥拉大修道院

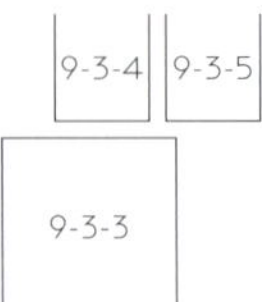

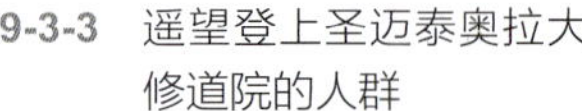

9-3-3 遥望登上圣迈泰奥拉大修道院的人群

9-3-4 远望通向圣迈泰奥拉大修道院入口的人群

9-3-5 走出圣迈泰奥拉大修道院入口的修士

9-3-6
9-3-7
9-3-8
9-3-9

9-3-6 穿过山洞进入圣迈泰奥拉大修道院

9-3-7 圣迈泰奥拉大修道院入口

9-3-8 通向圣迈泰奥拉大修道院内院

9-3-9 圣迈泰奥拉大修道院内院

9-3-10 9-3-11
9-3-12

9-3-10 俯视圣迈泰奥拉大修道院空间丰富的内院

9-3-11 圣迈泰奥拉大修道院有柱廊的内院

9-3-12 圣迈泰奥拉大修道院门廊处的圣像

9-3-13
9-3-14
9-3-15

9-3-13 圣迈泰奥拉大修道院的拱门和撞钟（左）

9-3-14 圣迈泰奥拉大修道院的壁龛与圣像

9-3-15 仰视圣迈泰奥拉大修道院的教堂屋顶

9-3-16

9-3-17

9-3-16 圣迈泰奥拉大修道院的博物馆

9-3-17 圣卢萨诺修道院的周边环境

9-3-18 建在岩柱顶上的圣卢萨诺修道院

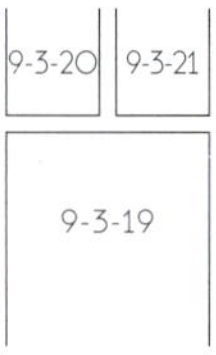

9-3-20 | 9-3-21
9-3-19

9-3-19 通向圣卢萨诺修道院的唯一出入口

9-3-20 圣卢萨诺修道院内的楼道

9-3-21 圣卢萨诺修道院二层的大阳台

9-3-22

9-3-23

9-3-22 圣卢萨诺修道院内描绘环境的绘画

9-3-23 圣瓦拉姆修道院是迈泰奥拉第二大修道院

9-3-24

9-3-25

9-3-24 迈泰奥拉的圣史蒂芬修道院

9-3-25 圣史蒂芬修道院的内院

9-3-26 建在岩柱顶上的圣三一修道院是迈泰奥拉现存最古老的修道院

9-3-27 从迈泰奥拉望卡拉巴卡小镇

参考文献
Select Bibliography

[1] John C. McEnroe. Architecture of Minoan Crete: Constructing Identity in the Aegean Bronze Age[M]. Austin: University of Texas Press,2010.

[2] Elsie Spathari. Mycenae: A guide history and archaeology[M]. Athens: HESPEROS Editions,2001.

[3] James Henry Breasted. The conquest of civilization[M]. New York : Harper & Brothers Pub., 1926.

[4] Lisie Spathari. Mycenae: A guide to the history and architecture[M]. Athens: HESPEROS Editions,2001.

[5] Lisa C. Nevett. Domestic Space in Classical Antiquity: Key Themes in Ancien[M]. Cambridge: Cambridge University Press,2010.

[6] Claude Laisné. Art of Ancient Greece: painting, sculpture, Architecture[M]. Paris: Terrail, 1995.

[7] Vitruvius, translated by Morris Hicky Morgan. The Ten Books on Architecture[M]. New York: Dover Publications,Inc.,1914.

[8] Textual Edited by Demetra K. Kritsela. The Acropolis: The Monuments and the Museum[M]. Athens: HESPEROS Editions,2000.

[9] Robin Francis Rhodes. Architecture and meaning on the Athenian Acropolis[M]. New York : Cambridge University Press, 1998.

[10] G. Papathanassopoulos. The Acropolis : A New Guide of the Monuments and Museum[M]. Athens : Krene Editions, 1991.

[11] Jeremy Tanner. The invention of art history in Ancient Greece : religion, society and artistic rationalisation[M]. Cambridge, UK ; New York : Cambridge University Press, 2006.

[12] Supervision of texts, Sosso Logiadou-Platonos. Knossos : the Palace of Minos, a survey of the Minoan civilization ; mythology, archaeology, history, museum, excavations [M]. Athens, Greece : I. Mathioulakis & Co.,1980.

[13] Panos Valavanis. Acropolis: visiting its museum and its monuments[M]. Athens: Kapon Editions,2015.

[14] Manolis Andronicos. The Acropolis: Large fold-out reconstruction of the Acropolis[M]. Athens: Ekdotike Athenon S.A.,2007.

[15] Dora Konsola. Delphi: The archeological site and the Museum[M]. Athens: Olympic Color,2015.

[16] Athanasia Yalouris. Olympia: The museum and Sanctuary[M]. Athens: Ekdotike Athenon S.A., 2002.

[17] Henri Stierlin. Greece : from Mycenae to the Parthenon[M]. London : Taschen, 2009.

[18] Supervision of texts, Sosso Logiadou-Platonos. Knossos : the Minoan civilization[M]. Athens: I. Mathioulakis & Co., 1980.

[19] Christos G. Doumas. Santorini : the prehistoric city of Akroteri[M]. Athens : Editions Hannibal,1957.

[20] Lord William Taylour. The Mycenaeans[M]. London : Thames and Hudson, 1964.

[21] Leonard R. Palmer. Mycenaeans and Minoans : Aegean prehistory in the light of the Linear B tablets[M]. New York : Knopf, 1965

[22] Emily Vermeule. Greece in the bronze age[M]. Chicago:University of Chicago Press,1964.

[23] George E. Mylonas. Mycenae and the Mycenaean Age[M]. Princeton: Princeton University Press, 1966.

[24] Gerald Cadogan. Palaces of Minoan Crete[M].London: Methuen,1980.

[25] Marija Gimbutas. The gods and goddesses of Old Europe: 7000 to 3500 BC myths, legends and cult images[M]. Berkeley: University of California Press, 1974.

[26] Christos G. Doumas. Thera : Pompeii of the ancient Aegean : excavations at Akrotiri[M]. London : Thames and Hudson,1983.

[27] Jeffey M. Hurwit. The Acropolis in the Age of Pericles[M]. New York : Cambridge University Press, 2004.

[28] Jenifer Neils. The Parthenon frieze[M]. Cambridge ; New York : Cambridge University Press, 2001.

图片来源
Sources of Illustrations

□ 罗志刚摄影的图片

◆ 2.1-8，2.1-20，2.1-23，2.1-24，2.1-27，2.2-14，2.2-18，2.2-19，2.2-23，2.2-48，2.2-62，2.2-63，2.2-87

◆ 4.1-4，4.1-9，4.2-6，4.2-10，4.2-12，4.2-14，4.2-24，4.2-26

◆ 5.1-5，5.1-6，5.1-8，5.1-9，5.1-11，5.1-12，5.1-19，5.1-20，5.1-21，5.1-24，5.1-25，5.1-29，5.2-3，5.2-4，5.2-5，5.2-8，5.2-11，5.2-19，5.2-20，5.2-21，5.2-26

◆ 6.1-6，6.2-5，6.2-6，6.4-15

◆ 7-4，7-7，7-8，7-11 ，7-14，7-18，7-19，7-20，7-31

◆ 8.1-5，8.1-23，8.1-24，8.1-31，8.2-5，8.2-7，8.2-8

◆ 9.2-2，9.2-8，9.2-14，9.2-16，9.2-17，9.2-19，9.2-27，9.3-11，9.3-15，9.3-17

□ 周锐摄影的图片:

◆ 2.1-1，2.1-2，2.2-5，2.2-6，2.2-8，2.2-9，2.2-11，2.2-12，2.2-13，2.2-27，2.2-51，2.2-58，2.2-59，2.2-64，2.2-73，2.2-85，2.2-86

◆ 3.1-29

◆ 4.2-5，4.2-11，4.2-21，4.2-22，4.2-23，4.2-29，4.2-31，4.2-32，4.2-33

◆ 5.1-4，5.1-7，5.1-14，5.1-15，5.1-16，5.1-22，5.1-23，5.1-26，5.2-14，5.2-18，5.2-24，5.2-25

◆ 6.2-4，6.2-10，6.3-4，6.4-21，6.4-22

◆ 7-9，7-15，7-33

◆ 8.1-6，8.1-16，8.1-18，8.1-25，8.1-26，8.1-32，8.1-33，8.1-34

◆ 9.2-9，9.2-18，9.2-20，9.2-22，9.2-23，9.3-2，9.3-4，9.3-9

□ 曲敬铭摄影的图片

◆ 2.2-30，2.2-46，2.2-47，2.2-77，2.2-88

◆ 5.1-27，5.1-30

◆ 6.1-14，6.1-16，6.1-17，6.3-5，6.3-17，6.4-12

◆ 7-12，7-25，7-26，7-27，7-29，7-30，7-32

◆ 8.2-23

◆ 9.2-10，9.2-11，9.2-12，9.2-15，9.2-21，9.2-24，9.2-25，9.3-19，9.3-21

□ 孙煊摄影的图片:

◆ 2.2-7，2.2-25，2.2-43

◆ 3.2-4，3.2-15，3.2-32

◆ 6.2-8

◆ 9.1-3，9.1-4，9.1-5，9.1-6，9.1-9，9.1-23

□ 甘晓音摄影的图片:

◆ 3.2-8，3.2-39

□ 相关单位提供的图片:

◆ 现场展板提供的图片：2.1-3，2.2-3，2.2-79，2.2-80，2.2-87，4.2.25，5.1-1，5.1-2，5.1-17，5.1-28，5.2-1，5.2-6，5.2-9，6.1-2，6.1-3，6.1-26，6.1-27，6.4-1，7-1，7-2，9.2-1，本书作者技术加工。

◆ 图片引自：G. Papathanassopoulos. The Acropolis : A New Guide of the Monume--nts and Museum[M]. Athens : Krene Editions, 1991.

6.1-8，6.1-22，6.1-24，6.2-17，6.3-1，本书作者技术加工。

◆ 图片引自：Ecol Nationale Superieure des Beaux-Art, Paris.

6.2-18 由 Loviot Benoit 绘制，本书作者技术加工。

◆ 图片引自：Henri Stierlin. Greece : from Mycenae to the Parthenon[M]. London : Taschen, 2009.

4.2-36，本书作者技术加工。

◆ 图片引自：Christos G. Doumas. Thera : Pompeii of the ancient Aegean : excava--tions at Akrotiri[M]. London : Thames and Hudson,1983.

3.1-2，3.1-3，3.1-6，3.1-7，3.1-13，3.1-14，本书作者技术加工。

◆ 图片引自：Christos G. Doumas. Santor--ini : the prehistoric city of Akroteri[M]. Athens : Editions Hannibal,1957.

3.1-5，3.1-9，3.1-10，3.1-11，3.1-12，3.1-21，3.1-22，本书作者技术加工。

□ 本书选用的总平面、建筑平、剖面大部分均由薛纳重新绘制。

□ 本书未注明来源的图片均为本书作者拍摄。